असंगम

म्यार

Copyright © Myaar
All Rights Reserved.

This book has been published with all efforts taken to make the material error-free after the consent of the author. However, the author and the publisher do not assume and hereby disclaim any liability to any party for any loss, damage, or disruption caused by errors or omissions, whether such errors or omissions result from negligence, accident, or any other cause.

While every effort has been made to avoid any mistake or omission, this publication is being sold on the condition and understanding that neither the author nor the publishers or printers would be liable in any manner to any person by reason of any mistake or omission in this publication or for any action taken or omitted to be taken or advice rendered or accepted on the basis of this work. For any defect in printing or binding the publishers will be liable only to replace the defective copy by another copy of this work then available.

समर्पण

उस प्रिय साथी *"साक्षी"* की

मधुर यादों को

जो इस संग्रह की प्रेरणा रही है

और

जिस के साथ

ये कोशिश आकार ले सकीं।

क्रम-सूची

क्रम-सूची

क्रम-सूची

क्रम-सूची

प्रस्तावना

"असंगम" लिखते समय जो अनुभूति, प्रशंसा महसूस हो रही है उसे शब्दों में बयां नहीं कर सकता। जिस बात को कहने के लिए लोगों को ना जाने कितनी बार सोचना पड़ता है (और न जाने कितने जतन करने पड़ते हैं)। फिर भी वे कभी-कभी वो नहीं कह पाते जो कहना चाहते हैं, उसी बात को कुछ पंक्तियों में लिखने की महत्वाकांक्षा सामने रखकर मैंने अर्थात "म्यार " ने "असंगम" पुस्तक लिखी।

बड़ी से बड़ी बातों को छोटी पंक्तियों में लिखना एक कला है, कम से कम शब्दों का प्रयोग करके ज्यादा से ज्यादा कहने की कोशिश में शब्दों का मूल्य बढ़ता है और इस अंदाज में बयां करना अपनी भावना कविता, शायरी, ग़ज़ल, या साहित्य कला कहलाती है।

कहने को तो यह मेरी पुस्तक की तृतीय श्रंखला है किंतु किसी एक विशेष विषय पर (श्रंगार रस) लिखी गयी पहली श्रंखला है। यह पुस्तक व्यक्तिगत रूप से मेरे दिल के बहुत करीब है क्योंकि यह मेरी छोटी-छोटी खुशियों का भंडार है (और सार्वजनिक तौर पर कहूँ तो आज की युवा पीढ़ी रोमांटिक युग के साहित्य पर टिकी है लगभग)।

असंगम में मोती जैसी कविताओं की प्रेरणा देने में *आदरणीय साक्षी जी* रही। जिन्होंने इस पुस्तक की नींव रखी और समापन तक सहयोग दिया, लगातार आत्मीय मुलाकातो एवं बातचीत का सार्थक समय मिला और पुस्तक के संयोजन में वह लगातार अपनी बहुमूल्य सम्मति से अवगत कराती रहीं और अपने विचार साझा करती रही । जिनके चलते मेरी लेखनी शैली में इजाफा हुआ और उन्होंने मेरा मार्गदर्शन किया ।

"आपके सोहबत में बैठकर बहुत कुछ सीखने का रूपकंर अभिव्यक्तियों को उन्मीलित संसार के बारे में धारणा बनाने में सार्थक ढंग से मदद मिली है, आपका उत्साह असीम धैर्य के साथ मुझसे लगातार तक़ाज़ा करना"

सदैव आपका साथ, आपका सहयोग मेरे पास रहा, मैं उनके प्रति अपनी हार्दिकता और सम्मान को व्यक्त कर पाने में खुद को असक्षम ही पाता हूं अतः इन पंक्तियों के माध्यम से सिर्फ श्रद्धा और प्रणाम ही निवेदित कर सकता हूँ।

आपके बिना मैं असमर्थ था इस पुस्तक "असंगम" को लाने में, आपने पूरे मनयोग के साथ मुझे सहयोग दिया और पुस्तक इस रूप में लाने में सार्थक भूमिका निभाई ।

मेरा बचपन से कविताओं के प्रति लगाव और साहित्य के प्रति आकर्षण है और मेरे परिवार का मेरे रुचि के प्रति सहयोग इस कारणवश अब तक दो पुस्तके प्रकाशित कर चुका हूं *अल्फाजों के झरने* और *स्याही की बूंदे* और अब *असंगम* प्रकाशित कर रहा हूँ।

अभी तक मेरी पुस्तकें वीर रस, करुण रस और शांत रस इत्यादि पर है किंतु यह पूर्णतः श्रृंगार रस पर पहली पुस्तक है।

मैं "म्यार" प्रेम में डूब कर आपके सामने लाया हूँ यह पुस्तक असंगम...

(यह पुस्तक पूर्णतः काल्पनिक है और वास्तविकता से इसका कोई सरोकार नहीं है।)

आशा है कि संपादित संकलन मेरे साथियों और श्रृंगार रस के प्रेमियों को निराश नहीं करेगी।

जो कुछ कहना था, इस पुस्तक में कह दिया है साहित्य जगत इसका कैसे स्वागत करता है देखने को उत्सुक हूँ और आपके परामर्श और उकसाहट का ajaymyaar@gmail.com पर निमंत्रण है।

आपका अपना

म्यार

भूमिका

ज़रूरी नहीं कि हर ख्वाब हमारे पूरे हो
बेहतर यही है कि कुछ किस्से अधूरे हो

सन्देश

प्रिय साक्षी....

आपसे कहने को तो बहुत कुछ है, लेकिन शायद ही मैं कह पाऊं, (या फिर कहने और लिखने पर आया तो शायद ही रुक पाऊं)

यह पुस्तक आप पर समर्पित है और यह आपके स्नेह व्यवहार की ही उपज है, आप जो हो, उसे मैं व्यक्त नहीं कर सकता, आपका स्थान जो है उसे भी मैं शब्दों में बयां नहीं कर सकता। मेरे पास अभी ऐसी प्रतिभा भी नहीं है जिससे मैं आपका चित्रण कर सकूं या कविताएं लिख सकूं।

जब से मैं आपसे मिला हूं, तो एकमात्र कारण आप हो जिससे मेरी कलम पर विराम नहीं लगा और आपकी करुणा से अपनी दो पुस्तकें प्रकाशित कर सका "स्याही की बूंदे" और यह पुस्तक "असंगम"। आशा है आप मेरी सदैव प्रेरणा रहोगी मेरी कलम पर कभी विराम की परछाई नहीं आने दोगी और जल्द ही चतुर्थ पुस्तक की दिशा आप से मिलेगी।

वैसे आपके सम्मुख "असंगम" एक तुच्छ संकलन है मेरा, आप एक महाग्रंथ, महाकाव्य एक सॉनेट के समान हो, किंतु मैं अपनी पूरी योग्यता और मेहनत अनुसार ही लिख सका ग़र कोई गलती हो तो क्षमाप्रार्थी हूँ|

उलझी उलझी-सी जिंदगी
सुलझी सुलझी-सी लगती है
जब से तुम मिली हो
जिंदगी जिंदगी-सी लगती है

आपका ख़ैरख्वाह

- म्यार

1. चाँद

आखों में चमक, चेहरे में मुस्कान
थोड़ी-सी झुकी निगाहे
और प्यारी-सी अदाएं
तुम्हारा एक अलग अंदाज है

लफ़्ज़ों में जादू, उस में तुम्हारा हँसना बेकाबू,
आँखों में रंगीलापन
खूबसूरत-सा चेहरा और कोमल-सा मन
सतरंगी-सा, तुम्हारा एक अलग अंदाज है
नागिन से बाल, जैसे कोई इत्र हो कमाल
आखों में चढ़ जाये, वैसी हो तुम,
खूबसूरती का जाल
उस पर खुशनुमा-सा
तुम्हारा एक अलग अंदाज है
खूबसूरती का चार चाँद हो
खूबियों का तुम एक पूरा,ब्रह्माण्ड हो
चंचल मन, और उस में मंथन,
जिस में तुम्हारा, अपनापन
और प्यार है
सब से अलग,
तुम्हारा एक अलग अंदाज है

2. तुम मेरी आँखो में टिमटिमाती हो

तुम चाँद-तारो की तरह
मेरी आँखो में
टिमटिमाती हो!
एक हसीना की तरह
मन में बस जाती हो
माधुरी-सी तुम
मेरी आँखो में
टिमटिमाती हो!
संध्या की खूबसूरत शाम की तरह
हृदय में प्रेम ज्योत जलाती हो
तुम मेरी आखों में
टिमटिमाती हो!
तितली की तरह
आखों में मंडराती
मुझे को पुलकीत करती जाती हो
तुम मेरी आँखो में
टिमटिमाती हो!
सब सुधबुद्ध खो सी जाती है
जब तुम समीप मेरे आती हो
तुम मेरी आँखो में
टिमटिमाती हो!

चाँद तारे, एक तरफ
एक तरफ ,तुम्हारा चेहरा
दिल में तुम्हारी तस्वीर बन जाती है
तुम मेरी आँखो में
टिमटिमाती हो!

फूलों की तरह तुम सुंदर
मन को महकाती हों
तुम मेरी आँखो में
टिमटिमाती हो!

3. लगता है

लगता है कुछ तो हो गया था
बातों ही बातो में, मैं उस में खो गया था
वो कभी सुनती, तो कभी सुनाती थी
हाल ए दिल, वो भी बताती थी!
लगता है कुछ तो हो गया था
मै उस के सम्मुख खुली किताब-सा हो गया था
वो एक एक पृष्ठ पलटती जाती थी
मेरे हर अध्याय से अवगत हो जाती थी
लगता है कुछ तो हो गया था
जो मैं ना था ,वो हो गया था
बातो में, खो गया था
बाते जो बस, बढ़ती जाती थी
वो समय तक नहीं बताती थी!
लगता है कुछ तो हो गया था
दिल उस में, खो गया था
आँखे उससे हट न पाती थी
वो मंद-मंद, मुस्कुराती थी!
लगता है कुछ तो हो गया था
वो पल भी साक्षी हो गया था
जब जब वो सामने आती थी
म्यार को भी बहलाती थी
वो जब जब नजरे मिलती थी

4. तुम कौन हो?

जब रात ख्याल
आया था
चेहरा तुम्हारा पाया था
ख्वाबों में तुम सताती हो
नाम थोड़ी बताती हों,

आंख खुली फिर
ख्वाब हटा
फिर याद तुम्हारी आई थी
कुछ कहने की दुहाई थी,

फिर, दिन शुरू
तुम साथ दिखी
फिर सांसो में सांस
आई थी
जैसे तुम सांसे लाई थी,
सुबह से लेकर
शाम तलक
हर सांस में तेरी
ख्वाहिश थी
जो तुम साथ अपने लाई थी,

कहने को तुमसे
बहुत कुछ

ये जुबां कुछ कह
ना पाई थी
बस इसकी ही दुहाई थी,

शाम ढली तुम
साथ चली
चली संग
तेरी मेरी परछाई थी
जो प्यार से तूने बनाई थी,

फिर रात हुई
पर ख्वाब वही
ख्यालों में तुम ही आयी थी
मेरी सांसो में समाई थी!!

5. प्रेम गीत

तुम इस कदर
मधुर हो, जैसे प्रेम गीत हो
लफ्जों पर सदा नाम तुम्हारा
जैसे तुम मनप्रीत हो
तुम मुझ संग, राग से राग मिलाती हो
तुम प्रेम गीत बन जाती हो
तुम सुव्यवस्थित ध्वनि बनी हुई
जैसे मीठे रस से भरी हुई
जुबां पर तुम आ जाती हो
जुबां को मीठी कर जाती हो
तुम प्रेम गीत बन जाती हो

तुम हर रूप, रंग, काया में,
दिल को भा जाती हो
लयबद्ध जैसे गीत में
मुख का स्वर, ताल बन जाती हो
तुम प्रेम गीत बन जाती हो

तुम सुगम गीत-सी
आनंदमयी की प्रीत-सी
स्वर रथ-सी हो जाती हो
तुम प्रेम गीत बन जाती हो
तुम मन का सुकूं
तन का आराम,

जैसा गीत बन
मेरे अंग-अंग में समाती हो
तुम प्रेम गीत बन जाती हो

मीठे स्वर गीत भरे
तुम मुझ में समाती हो
खुली बाहें मुझे जकड़े हुए
तुम मुझ में घुल जाती हो
तुम प्रेम गीत बन जाती हो

मन मधुर,
मस्तिष्क शांत हुए
जैसा गीत बन
जब-जब तुम
सम्मुख मेरे आती हो
तुम प्रेम गीत बन जाती हो

6. तुम ही हो

न जाने क्यों, इतने बड़े संसार में
मेरी दुनिया, तुम तक सीमित हो जाती हैं
खड़ा हूं लोगों की भीड़ में
लेकिन, नजरें तुम तक रह जाती हैं,
लाखों में मौजूद यहां
उनसे बातें रह जाती है
तुम आती हो सामने तो
बातें नजरों से हो जाती है,

लाख हटाए, लाख भुलाए
तुम्हारी स्मृति मिट नहीं पाती है
याददास्त, बस तुम ही हो
जो हर यादों में समाती हो,

उत्कर्ष तुम, उल्लास तुम
पुलकित हृदय की अभिलाष तुम
तुम मन ही मन मुस्कुराती हो
तुम हो मेरी सीमा रेखा
मुझे, खुद में बांधती जाती हो,
मैं तुम तक हूं प्रीत - प्रिय
ये प्रीत तुम्हीं से लगी है
तुम हो मेरी जीवन साथी
बस, साथ तुम्हारा काफी है

तुम हो वो, सोने की चिड़िया
जिसमें प्राण मेरे ये बसते हैं
तुम प्राणों से प्रिय हो
तुम रोम-रोम में बस जाती हो

मैं हूँ तुम्हारा
तुम हो मेरी
इस में और क्या बाकी है
साक्षी हो तुम म्यार की
क्या इतना नहीं काफी है?

7. मैं तेरा साया बनना चाहता हूँ

ले हाथों में हाथ तेरे

मैं तेरे साथ चलना चाहता हूँ

मैं तेरा साया बनना चाहता हूँ

ले हाथों में हाथ तेरे

तेरे साथ इस जग का

भ्रमण करना चाहता हूँ

मैं तेरा साया बनना चाहता हूँ

तू हो मेरे साथ

मैं हूँ, तेरे साथ

लिए हाथों में हाथ

तुझ संग,

जमीं से अंबर तक

चलना चाहता हूँ

मैं तेरा साया बनना चाहता हूँ

तू मुझ तक हो

मैं तुझ तक हूँ !

तेरे साथ बैठ

कुछ हंसी पल में

तेरा रंग, भरना चाहता हूँ

मैं तेरा साया बनना चाहता हूँ

उल्फत भरी तेरी निगाहों में
मैं खुद का चेहरा भरना चाहता हूँ
मैं तेरा साया बनना चाहता हूँ
मैं तेरी कशिश में डूबा
तेरे रंग में मेरा रंग
और मेरे रंग में तेरा रंग
भरना चाहता हूँ
तेरा साया बनना चाहता

अपना हाथ बढ़ाएं
मैं तेरा जहां
अपने अंबर तले
करना चाहता हूँ
मैं तेरा साया बनना चाहता हूँ

तू हो मेरे साथ
मैं हूँ तेरे साथ
हर मोड़ में
हर राह में
लिए हाथों में हाथ
चलना चाहता हूँ
मैं तेरा साया बनना चाहता हूँ

मेरी हर सहर तेरे साथ हो
मेरा शब तेरे पास हो
कहीं बैठे हो संध्या में
मेरे हाथों में तेरा हाथ हो
तू बात मुझसे करें
तेरी बातों में, मेरी बात हो

मेरी बातों में तू हो
और मेरी बात तुझसे हो
मैं अपना जहान,
तेरे नाम करना चाहता हूँ
मैं तेरा साया बनना चाहता हूँ

मैं तेरे दिल की
हर एक बात चुराना चाहता हूँ
न अपना तुझसे
कुछ छुपाना चाहता हूँ
मैं तेरा जीवन साथी बन
अपना जीवन तेरे साथ
बिताना चाहता हूँ
मैं तेरा साया बनना चाहता हूँ

तुम साक्षी हो, मेरे प्यार की
मैं तुम्हारा म्यार बनना चाहता हूँ
मैं तेरा साया बनना चाहता हूँ

8. आंखों से ओझल हो जाती हो

तुम जब जब मेरी आंखों से
ओझल हो जाती हो
क्या बताऊं, क्या कहूं
मेरी हालत जो तुम
कर जाती हो

धड़कनों का बढ़ना
सांसों का तेज चलना
देह पर ना फिर
काबू हो पाता है
जब - जब तेरा चेहरा
आंखों से ओझल हो जाता है

एक पल भी जब
तुम दूर जाती हो
मेरी सांसों से मेरी
दूरी बढ़ाती हो

मेरा जीना,
दुश्वार हो जाता है
जब- जब तेरा चेहरा
आंखों से ओझल हो जाता है

मेरी आंखों में तुम
बसती हो
इन आंखों में तुम चमकती हो
इन आंखों में अंधकार हो जाता है
जब- जब तेरा चेहरा
आंखों से ओझल हो जाता है
तन्हाई से भरा
हर लम्हा
मेरे दिल को
भारी करता जाता है
जब- जब तेरा चेहरा
आंखों से ओझल हो जाता है
"साक्षी" है यह जान मेरी
कि तेरे जाने से
यह बेजान हो जाती है
जब- जब तेरा चेहरा
आंखों से ओझल हो जाता है

9. तुम्हारी मुस्कान

तुम जो मुस्कुराती हो
होठों से चांद बनाती हो

चांदनी है, तुम्हारे मुख में
रोशनी तुम्हारी
मुस्कान से ही आती है

चेहरा तुम्हारा
चांद-सा
तुम तारों- सी
मुस्काती हो
तुम्हारे चेहरे में
मेरी सभी
खुशियां पाई जाती है
और तेरी मुस्कान पर
वो मुझ पर
बरस जाती है
तेरे चेहरे में
मेरी दुनिया है
जो तेरी
मुस्कान तले चलती है
तू जो मुस्कुरा दे
वो दुनिया
फिर खिलती है

वो चांद इस जग का है
तू मेरे दिल का
मेहताब है
कशिश भरी निगाहों में
तेरे चेहरे में
उल्फत भरी
मुस्कान है
सच कहूँ मैं
तुम से "साक्षी"
तेरी मुस्कान
में ही मेरी
जान है!!

10. मैं तुम्हें में खुद को देखता हूँ

तुम जो

मुझसे

किट-पिट किट-पिट

बोलती हो

मुझको, खुद में घोलती हो

मैं तुम्हें खुद को देखता हूँ

तुम मुझ तक, हंसती हो

मैं तुम तक रहता हूँ

तुम मिश्री-सी मीठी

जुबां खोलती हो

उस जुबां में

मैं बहता हूँ

तुम मुझ-सी, मुझ में रहते हो

मैं सेवक-सा, तुम में रहता हूँ

मैं तुम पर समर्पित हूँ प्रिय

मैं तुम में खुद को देखता हूँ

तुम हंसती खेलती

मुझ तक आ जाती हो

तुम मुझको खुद तक, जानती हो

मैं तुमको खुद तक, पहचानता हूँ
मैं मिल चुका हूँ तुम में,
यह बात तुम भी जानती हो
मैं तुम में खुद को देखता हूँ

तुम मुझ को समझती हो
मेरी पसंद को अपनी बताती हो
मेरे आस-पास मंडराती हो
मुझे अपना तुम बताती हो
साथ बैठती, खाती हो तुम,
और मुझे अपना बताती हो
ग़र मैं मौजूद रहूँ तो
कहने से शर्माती हो
तुम हो मेरी जान प्रिय
फिर दूर क्यों हों जाती हो

तुम मुझ में,मुझ तक मिली हुई हो प्रिय
इज़हार से क्यों कतराती हो
मैं तुम में खुद को देखता हूँ

11. मैं बस तेरा साथ चाहता हूं

सुबह-सुबह हटाकर
नज़रे अखबारों से
मैं तेरा चेहरा
पढ़ना चाहता हूँ
मैं बस तेरा साथ चाहता हूँ

सुबह के पहले पहर में
एक चाय के कप पर
लगे तेरे लबों के निशान को
अपने लबों पर रखना चाहता हूँ
मैं बस तेरा साथ चाहता हूँ

हर दफा मैं देखूं तुझे
जब तू हवाओं में
बाल लहराते हुए मेरे पास आए
उस लम्हे का एहसास
हर लम्हे में करना चाहता हूँ
मैं बस तेरा साथ चाहता हूँ
मैं चलूं किसी डगर पर
उस जगह पर
तेरा साथ हो
गर कहीं थक कर बैठ
जाएं हम
तो भी दोनों

एक दूसरे के पास हो
मैं करूं, परवाह तुम्हारी,
तुम्हारा देखभाल वाला अंदाज़ चाहता हूँ
मैं बस तेरा साथ चाहता हूँ
तुम मेरे साथ हो हमेशा
कोई दूरी ना हो
तेरे मेरे दरमियां
तू प्यार से भर दे मुझे
मैं इस कदर
तेरा प्यार चाहता हूँ
मैं बस तेरा साथ चाहता हूँ

दुनिया की सारी खुशियां
और एक तरफ तेरा हाथ हो
मैं तेरा हाथ पकड़े
हर हाल में
तेरे साथ जीना चाहता हूँ
मैं बस तेरा साथ चाहता हूँ

12. तुम मेरा सुकून हो

जब होता हूँ मैं
परेशान
पास सदा तुम
आ जाती हो...
क्या बात है, बोलो
कह कर...
मुझको थोड़ा
समझाती हो!

मैं जब कहता हूँ
"सब ठीक है"
या
कुछ बात नहीं
तुम...
पक्का "कह" कर
प्रश्न चिन्ह
लगाती हो.....
फिर...
कहां तुम
शांत बैठती
मुझे थोड़ा - सा
गुदगुदाती हो

मैं...

हार मान फिर
तुमसे सब कहता हूँ
फिर
तुम बातों को समझती हो....
बात चाहे जो भी हों
सब बात तुम
समझ जाती हो

कुछ बात,
तुमसे कहाँ छुपे
सब निगाहों से तुम
पढ़ जाती हो....

ना हो परेशा तू
ये साथ मेरा
काफी है
जब हूँ साथ मैं तेरे
फिर, कहने को क्या
बाकी है...

ये जीवन है
मेरे जीवन साथी
कह कर
तुम सब कह
जाती हो
तुम हो मेरा सुकून
मेरे दिल को
सुख चैन दे
जाती हो

13. दिल

जब से है देखा, तुमको
तुम में ही है, हम तो
ख्वाबों में तुम ही हो,

खोया हूं मैं, तुझ में
तुम मैं ही हूं, अब मैं
है सब मेरा तुझ में
तुम हो अब मुझ में

लफ़्ज़ों में तुम ही तुम हो
हो तुम ही तुम सब में

मेरी फिजाओं में तुम
मेरी जुबान में तुम
मेरे समाओ में तुम

कहना है जो तुमसे
बोलूं मैं तुमसे
कि तुम ही तुम हो
दिल में!!

14. खामोश

दिल कहता है तुझसे
इश्क - ए - इजहार किया जाए
मगर जुबां खामोश हो जाती है,

दिल में तेरे नाम की
हलचल बहुत है
मगर, तेरे सामने आने से
मेरे अंग की
हलचल
खामोश हो जाती है,

निगाहें तुम्हारी मुझसे
ना जाने क्या- क्या कह जाती है
जब मेरी निगाहें
तुम से टकराती है तो
खामोश हो जाती है,
जब तुम्हारे कदम
चलते हैं मेरे
कदमों संग
मेरे दिल की
बंजर जमी पर
हरियाली-छा जाती है
मगर मेरी रफ्तार
खामोश हो जाती है,

दिल मेरा बेकरार
होता है कि
तुमसे कुछ
बात करूँ
बातें, जुबा पर आते - आते
खामोश हो जाती है,

मेरी खामोशी में
तुम्हारी हलचल बहुत है
मगर, कमबख्त
ये खामोशी भी
तुम्हारे सामने
खामोश हो जाती है

15. " तुम मेरी मंजिल बन जाओ"

मैं निकला हूँ
खुद को संभाले
इतनी दूर तक
चला हूँ
कि मुसाफिर बन गया
तुम मेरी मंजिल बन जाओ

मुझे दूर तक
अभी और जाना है
तुम मेरा
हौसला तो बढ़ाओ
थकूंगा थोड़ी ही मैं
बस, तुम
मेरी मंजिल बन जाओ
है लंबा सफर
तन्हा अकेला
जाना है मुझे दूर तक
तुम मेरी ऊर्जा तो बढ़ाओ
तुम मेरी मर्जी बन जाओ

रास्ता मेरा खराब है
ठोकर मेरे, हर पल पास है

लेकिन लंबा सफर अभी साथ है
तुम ये मेरी ठोकर भुलाओ
तुम मेरी मंजिल बन जाओ
विशाल रास्ता

खुद मुझे अकेले जाना है
सन्नाटा है रास्तों में
मुझे रोशनी लाना है
योद्धा हूँ मैं
मुझे कुछ करके दिखाना है
परिवर्तन से भरी है मेरी डगर
तुम मुझ में जुनून बरसाओ
बदल दूंगा मैं जहां
तुम मेरी मंजिल बन जाओ

समक्ष हूँ मैं तुम्हारे
लेकिन, तुमसे अभी दूर हूँ
पहुचना है मुझे तुम तक
की कायनात हो ये "साक्षी"
मैं म्यार तुमसे ही पूर्ण हों
कर दो मुझे परिपूर्ण
मैं तुम में समा जाऊँ
मैं मुसाफ़िर बन गया हूँ तुम्हारा
तुम मेरी मंजिल बन जाओ!

16. देखते ही देखते

देखते ही देखते
तुम मेरे,
दिल के कितने
करीब आ गई...?
एक मुस्कान से
बाते शुरू हुई थी
तुम मेरी, मुस्कान ऊपर आ गई...
कुछ पल, तुम्हारे साथ बिताए
तुम मेरी पलकों पर समा गई
यूँ देखते ही देखते
तुम मेरे
हर समें ख़ुशनुमा पल पर आ गई...
कभी तुमको देख
मैं मुस्कुराया था
कदमों से कदमों को मिलाया था
अब बात
हाथ पकड़ साथ
चलने पर आ गई
यूँ देखते ही देखते
तुम मेरे पास आ गई...
भीड़ में, था मैं
तुम दूर थी
जब भीड़ हटी
तो तुम मेरे सामने आ गई

नज़रे तुम पर थी
यूँ देखते ही देखते
तुम नजरों में समा गई...
मैं मिलता
अनजानों से था
अजनबी - सी बातें हुआ करती थी
जब तुम्हें, देखा
पहली दफा
तब बात, तुमसे हुआ करती थी
यूँ देखते ही देखते हैं अब बातें
मुलाकाते पर आ गई...
तुमसे दूर रहा न जाए
तुम इस कदर
मेरे दिल के करीब
आ गई
यूँ देखते ही देखते
तुम मेरे दिल में समा गई

17. यूपीएससी

करता है दिल मेरा
कि तुझ से कुछ
बात करूं
लेकिन, ये यूपीएससी
बीच में आ जाती है,

मेरा प्यार,
बट नहीं पाता
सारा प्यार
यूपीएससी ही ले जाती है,

कभी लक्ष्मीकांत
तो कभी
आर एस शर्मा
तक ही, दुनिया
रुक जाती हैं
पढ़ना है मुझे
गालिब को भी
लिखने सिलेबस
के बाहर आ जाती है,

दिल करता है
तुझसे मिलकर
खुल के बात करूं,

फिर, खुली किताब
हाथों पर आ जाती है
सिलेबस पूरा
हुआ नहीं
फिर बाते, अधूरी रह जाती है,

लोग हैं कई
कतारों में
कई सालों से
सुनो ये
इन्हें देख, फिर
सब फीलिंग
रुक जाती है
ये यूपीएससी हमारे
बीच आ जाती है

18. उसे बता दो

हम जिस पर
मरते है
उसको मालूम नहीं...
यार,कोई तो
खबर फैला दो
उसे बता दो

नाम उसका
अपने कलेजे पर
लिए फिरते है
और उसे मालूम नहीं
यार, कोई तो
खबर फैला दो
उसे बता दो
यह निगाहें उस से
हटती नहीं,
और वो हम को
दिखती भी नहीं
ये भी उसको
मालूम नहीं
यार, कोई तो
खबर फैला दो
उसे बता दो

हर बार कहता हूँ
ख़ुद से
कि इस बार
बोलूंगा
हर बार घबराता हूँ
उसको मालूम नहीं
यार, कोई तो
खबर फैला दो
उसे बता दो

जब - जब वो मुझे
देखती है
तब - तब धड़कने
बढ़ती है
उसको मालूम नहीं
यार, कोई तो
खबर फैला दो
उसे बता दो

19. बारिश और तुम

तुम बारिश की
बूंद बन
टिप- टिप बरस, मुझ पर
जाती हो
तुम प्यार हो, मेरा... सनम
तुम प्यार भी बूँदों - सा
बरसाती हो!!
हुआ मौसम इतना हसीन
और हंसी तुम्हारा, साथी है
तुम एक बार मुस्कुरा दो, बस
इतना प्यार ही, मुझको काफी है!!
इन ठंडी हवाओं में
तुम बिजली- सी
चमक जाती हो
इस गुलाबी तुम्हारी जुबां पर
मेरा नाम ही तो काफी है!!
तुम रिमझिम - रिमझिम सी
प्यारी
बारिश में, मुझे संग
आ जाती हो
तुम मेरा प्यार हो कह दो
मुझको इतना ही काफी है!!

20. तुम्हें कैसे बताऊं

तुम्हें कैसे बताऊं
कि मुझे आता नहीं
प्यार जताना...

तुम मेरा
"पहला प्यार हो"
इसका इजहार, करके दिखाना

तुमसे पहले
कोई थी नहीं
इसलिए हम, इस राह से अनजान है

दबा- दबा सा मेरा इश्क
तेरे लिए, इजहार
को लेकर परेशान है
उसको भी मालूम नहीं
कि इश्क है
इजहार कैसे जताए..?

मुझे बोलना, भी नहीं आता
तो इतनी बड़ी बात
तुम्हें कैसे बताऊं...?

गर कहीं, तुम रूठ गई

तो इसका भी डर है मुझे
कुछ तो समझो
तुम थोड़ा
मेरी समस्या का
समाधान करो....

अनजान हूँ मैं
प्यार से,
अब तुम ही इसे
आसान करो,

मैं पूछ- पूछ कर सारे काम
तुमसे ही करता हूँ , जान
अब कैसे बोलूं क्या है हाल
अब तुम ही हो मेरा
हाल-चाल,
तुम्हें बताऊं कैसे
यह प्यार कितना
बढ़ता जाता है
लेकिन, मेरा चेहरा कुछ दर्शा
नहीं पाता है
"कुछ तो समझो ना मेरी, जान"

21. प्यार करना है

तू मेरा पहला इश्क नहीं
तुम मेरा आखरी प्यार है
तुझ संग मुझे इश्क का
रंग भरना है
तुझसे बेइंतेहा
प्यार करना है,
जो अब तक
मैंने किया नहीं
वो सब, सिर्फ तेरे साथ करना है
मुझे अपनी जिंदगी में,
तेरे नाम का प्यार
भरना है
मुझे तुझसे बेइंतहा
प्यार करना है

अपने हक की, सारी खुशियां
मुझे तेरे नाम करनी है
तेरी जिंदगी का दर्द
मुझे अपने नाम करना है
मुझे तुझसे बेइंतहा
प्यार करना है

मेरा कुछ भी नहीं
सिवाय तेरे

फिर भी जो कुछ है
वो सब तेरे नाम करना है
मुझे तुझसे बेइंतहा
प्यार करना है

22. मत कहा करो

मत कहा करो
मुझसे
की तुम दूर
चली जाओगी...

ये सुन नहीं
पाता मैं
है कोमल हृदय मेरा
मैं मायूस हूँ, हो जाता!
तुम्हें अभी, मिला भी नहीं
और तुम दूर जाने की
बात करती हो
ये सुन रातों को
मैं सो भी नहीं हूँ पाता!

ये इश्क तुमसे
चाहकर नहीं
अनजाने में हुआ है
दूर ना जाना तुम
मुझसे चाह कर कभी!

है इश्क तुमसे
इश्क की गहराइयों में हूँ
जब दूर जाओगी

तो इसमें ही, डूब जाऊंगा मैं!

एक पल भी
तेरे बिना
रह न, पाऊँगा मैं

मत कहा करो
मुझसे
कि तुम दूर
चली जाओगी
एक पल में ही तुम
मेरी जान निकलवाओगी!!

23. तुम दूर मत जाया करो

तुम दूर मुझसे
मत जाया करो
अकेला पड़ जाता हूँ मैं
मुझे तन्हाई से मत
मिलवाया करो..
हंसता हूँ मैं
तुम्हारे साथ,
मुझे रुलाया
मत करो,.
मुझे अकेला छोड़
तन्हा कर मत जाया करो!
यार, खाली सा हूँ मैं
तुम मुझे पूरा करती हो
अभी मुस्कुराना, मैंने सीखा है
तुम मुझे रुलाया मत करो
मुझे तनहा कर
जाया मत करो....
साथ तुम्हारा, अच्छा लगता है
कभी तुम भी हाथ बढ़ाया करो
अकेला रहा हूँ, मैं बरसों से
अब तुम बिन ना रह पाऊंगा
मुझे अकेला कर,
तुम मत जाया करो
मुझे मेरी तन्हाई उसे मत मिलवाया करो...

मेरी निगाहें भर
जाती है
जब दूर जाने की बाते
मुख से तुम्हारी आती हैं
रो उठता है मेरा दिल
बच्चों-सा
मुझे बच्चों- सा
रुलाया मत करो
एक पल भी
मुझसे तुम दूर
मत जाया करो...

तन्हा हूँ मैं
मुझे तन्हाइयों का एहसास मत दिलाया करो
बस, तुम दूर ना मुझसे जाया करो

24. कर दो

कोरा कागज मैं
तुम उस पर
अपना नाम लिख दो

तुम्हारा ही हूँ मैं
तुम मुझ पर
अपना ख़िताब रख दो
लंबा सफर
और खाली हाथ है मेरा
तुम मेरा सफर
खुशनुमा कर दो
मेरे खाली हाथ में
तुम अपना हाथ रख दो...
चलता हूँ मैं अकेला
अपने दम पर
तुम अपनी परछाई
मेरे नाम कर दो
मिल जाएगा मुझे हौसला, यूं ही
आगे बढ़ने का
बस तुम
मेरे नाम की
अपने चेहरे पर
मुस्कान रख दो

कोरी है जिंदगी ,
और खाली है मेरे दिल का मकान
तुम इस दिल में
दस्तख़ देकर
अपना नाम लिख दो

मेरा आफताब हो तुम
ये बात समझ लो
म्यार मैं तुम्हारा बन जाऊं
ये एहसास तुम रख दो

कागज हूँ मैं
तू स्याही बन मुझ में
समा जाओ
मूल्यहीन हूँ मैं
तुम मुझे, अनमोल बनाओ
बस थोड़ा-सा, प्यार मेरे नाम कर दे

बस, एक ख्वाहिश है मेरी
तुमसे
मेरे इश्क का पैगाम
अपने नाम कर दो
मेरा नाम की मेहंदी अपने
हाथों कर दो

25. मुझे अपनी बाहों में भर लो

तुम प्रेम देवी हो
मैं प्रेम पुजारी हूँ
हे देवी,
थोड़ी कृपा
मुझ पर कर दो
मुझे अपनी बाहों में भर लो
तुम बिन मेरा कौन है?
तुमसे रूठ जाऊंगा कहां?
मैं बेबस हूँ , तुम्हारे प्रेम के लिए
थोड़ी कृपा, मुझ पर कर दो
मुझे अपनी बाहों में भर लो

यूं तो सारा जग है
अपना कहने को
पर, हूँ मैं तुम्हारी चौखट पर
तुम अपने पांव
मेरे दिल की दहलीज पर रख दो
थोड़ी कृपा, मुझ पर कर दो
मुझे अपनी बाहों में भर लो

मेरा दिन, तुम से शुरु
और रात भी तुम्हीं से होती हैं

पहला नाम तुम हो
फिर
हर नाम में तुम ही होती हो
मैं भूखा प्रेम पुजारी
जपता नाम तुम्हारा हूँ
हे देवी
तुम थोड़ी कृपा
मुझ पर कर दो
मुझे अपनी बाहों में भर लो

तुम आनंद प्रेम की देवी हो
मैं भूखा प्रेम पुजारी हूँ
मेरी हर जॉब पर नाम तुम्हारा है
तुम प्रेम साँस, मेरे नाम कर दो
थोड़ी कृपा, मुझ पर कर दो
मुझे अपनी बाहों में भर लो

26. खास अजनबी

देखते ही देखते
कोई खास हो जाता है
वो पहले का अजनबी
दिल के पास हो जाता है
उसकी मौजूदगी,
दिल को भा जाती है
उसका साथ कुछ खास हो जाता है
कभी देखते ही देखते
हम उस में खो जाते हैं

सब दिशाओं के संग
शून्य हो जाते हैं
दिल पूर्ण रूप से उसमें
मगन हो जाता है
मेरे समीप जगत
उसके प्रभाव में
लुप्त हो जाता है

अक्सर फिर,
ख्याली में भी
उसी का ख्याल आता है

27. तुम्हारा आभार

आई हो जो तुम, मेरी जिंदगी में
लेकर खुशियों की बहार
दिल से प्रिय
करता हूँ तुम्हारा आभार!!

अकेला चारदीवारी में, था मेरा संसार
लाए हो तुम
मेरे जीवन में प्रकाश
दिल से प्रिय
करता हूँ तुम्हारा आभार!!
भटका था मैं
अनजान राहों में
हाथ पकड़ कर
तुमने थाम लिया
दे दी दिशा तुमने
मेरी राहों को
कर दिया मेरा उद्धार
दिल से प्रिय
करता हूँ तुम्हारा आभार
था अनजान प्रेम शब्द से
कर दी है तुमने मुझ पर
अपने प्रेम की बरसात
दिल से प्रिय
करता हूँ तुम्हारा आभार

28. समझ जाना

मैं चाह कर भी
तुमसे कह ना सकूंगा
कि तुमसे प्यार है
तुम मेरी बातों से समझ जाना
किसी और को मैंने
कभी देखा नहीं
उठती हैं, मेरी निगाहें तुम पर
तुम मेरी निगाहों में
अपना नाम पढ़ जाना
यूँ बिन बोले तुम
कभी कहीं जाना मत
डर जाता हूं मैं
जब परवाह करूं तुम्हारी
तो समझ जाना
मैं समीप किसी के रहा नहीं
और दूर तुमसे ना जाता हूं
जब-जब मैं
तुम्हारा साया बन जाऊं
तब-तब समझ जाना
"साक्षी "होगा जब
खुद दिल तुम्हारा
तब समझ जाना
"प्यार " है तुम्हारा

29. मुझे बस थोड़ा- सा बदल दो

यार थोड़ा-सा
असाध्य हूँ मैं
मुझे थोड़ा-सा सरल कर दो
मुझे बस थोड़ा-सा बदल दो

एक नन्हा-सा मेरा जहान है
इसे विस्तृत कर दो
मुझे बस थोड़ा- सा बदल दो
किस आधुनिक दौर में
मोदिनिती के माहौल में
पीछे कहीं हूं छुटा मैं
बस बराबर मुझे कर दो
मुझे बस थोड़ा- सा बदल दो

लोगों को लगती
अटपटी - सी मेरी बाते है
इसे सामन्य-सा कर दो
मुझे बस थोड़ा - सा बदल दो

कोई पायदान नहीं मेरा
मेरा थोड़ा स्तर तुम ऊंचा कर दो
मुझे बस थोड़ा-सा बदल दो

बेतुक से मेरे साथी है
कुछ तुक इन में कर दो
मुझे बस थोड़ा-सा बदल दो

महत्वहीन जो हूं कहीं
तुम इन्हें मूल्यवान कर दो
मुझे बस थोड़ा-सा बदल दो

प्रिय
लगता है
कुछ तो है अभी अधूरा
तुमसे स्वयं उसे पूरा कर दो
मुझे बस, खुद - सा कर दो
मुझे बस थोड़ा-सा बदल दो

30. तुम प्राण प्रिय

प्रिय,

तुम-सा हसीं,

और कौन है?

जिससे मैं नैन लड़ाऊंगा

क्या क्षण भर की इच्छा के लिए मैं

अपना हंसी जीवन साथी है गवाऊंगा?

ना तुम बिन,

मेरा कोई और है

ना तुम-सा

मैं किसी को पाऊंगा

क्या क्षण भर की इच्छा के लिए मैं

अपना हंसी जीवन साथी है गवाऊंगा?

तुम- सा हंसी

और कौन है?

ये तुम्हारे बाद

"म्यार" ने देखा नहीं...

फिर क्षण भर के लिए, किस की बाहों में जाऊँगा?

क्या क्षण भर की इच्छा के लिए मैं

अपना हंसी जीवन साथी गवाऊंगा?

रखो दिल पर हाथ

और तुम ही, ये बताओ

क्या देखा है, तुमने

मेरी आंखों में?

हमें भी उस से रूबरू करवाओ

जब लगे यहां कोई और है
तो खुलकर उसका नाम बताओ
क्यों फिजूल में इतना सोचती हो?
तुम भी तो थोड़ा दिमाग लगाओ
भूलो सारी नादानी मेरी
और हंसकर बतलाओ
हर राज तुम्हें मैं बताऊंगा
क्या क्षण भर की इच्छा के लिए मैं
अपना हंसी जीवनसाथी गवाऊंगा...?

31. तुम इतनी प्यारी क्यों हो?

तुम इतनी भी
प्यारी क्यों हो?
कि बस, प्यार तुम्हीं पर आता है

जो भी समक्ष हो
सामने
चेहरा नजर, तुम्हारा आता है
जो भी बोलो
जुबां से,
कानों को बड़ा ही भाता है
सुनकर, तुम्हें मजा बड़ा है

ना देखा करो
तिरछी निगाहों से
फिर, तुम पर प्यार बड़ा आता है

खुली हवा
साथ तुम्हारा
हवा में उड़ता, हाथ तुम्हारा
पल भर में, दिल में प्यार उभर आता है
नैन-नक्श
और नथ तुम्हारी
चेहरे को चांद बनाती है
सुंदर - सा, कलियों - सा चेहरा

देख मन खुश हो जाता है

कोयल- सी, मीठी - बाते
और बातों में ज़िक्र
मेरा भी आता है

जितना देखूं तुमको
सब कम-सा पड जाता है
ख्यालों में भी अक्सर
बस ख्याल तुम्हारा आता है

बात करूँ चाहे जिस
पर नाम तुम्हारा आता है
कोई देखे, चाहे ना देखे
पर चेहरा तुम्हारा नजर आता है

लाख समझाए, पर हुआ नहीं
दिल बच्चों - सा मचल आता है
हर हंसी ख्वाब में
तुम्हारा ख्वाब ही आता है

32. तितली और तुम

हर सुंदर चीज
बड़ी अनमोल होती है
बड़ी नाजुक
जैसे तुम...

सहेज कर
बड़े प्यार से रखते हैं उन्हें
हिफाजत से
जैसे तुम
तुम तितली की तरह
बड़ी प्यारी हो
रंग - बिरंगी-सी
मोहिनी फूल कुमारी हो

नाजुक हो तुम
मैं स्पर्श को, कतराता हूं
उड़ ना जाओ कहीं
यह सोचकर
घबराता हूं
डरा - डरा हूं मैं तुमसे
कहीं तुम मुझसे ना डर जाओ
फिर बात करने में भी
थोड़ा-थोड़ा कतराता हूं!!

33. अव्वल ग़ज़ल

इश्क़ तुमने बीमार कर दिया,
इश्क़ का शबाब अंग-अंग में भर दिया,

अब तुम बिन कुछ होश नहीं है प्रिय, एक कामकाजी इंसान को
बेकार कर दिया,

सांस तो लेता हूं अभी भी, मगर बेजान पड़ा हूं ख्यालों में
इस कदर तुमने मेरा हाल कर दिया

म्यार का दिन तुमसे शुरु और रात तुम्हीं तक है
उलझा-उलझा हूं तुम में, ये तुमने हाल कर दिया

34. मत सुनो

मत सुनो, तुम
उन्हें, जो तुम्हें
अच्छा नहीं लगता...
बेतूक का ज्ञान
खाली घड़े से ही है निकलता
वो डगमगाते हैं
अंदर से शीतल और जलहीन है
फिर, व्यर्थ ही उनकी बातें हैं...

व्यर्थ की तुम चिंता छोड़ो
अनमोल समय अभी बाकी है
रख लो चेहरे पर एक मुस्कान
मूर्खों से क्या करनी बातें हैं...

तुम खुद पर दो ध्यान, प्रिय
बाकी सब तर्क हीन बातें हैं
तुम चंदन की लकड़ी हो
जिसको जीव-जंतु काटे हैं
लिपटे हैं, सब तुम्हारी सुगंध में
फिर, जिसका जैसा स्वभाव
उसको करनी वैसी बातें है

35. तुम्हें मालूम नहीं तुम कौन हो?

तुम चंचल मन
अंदर से मौन हो
तुम्हें मालूम नहीं
तुम कौन हो?

होगा, अतीत
चाहे जो भी तुम्हारा
तुम अब अनमोल हो
तुम्हें मालूम नहीं
तुम कौन हो?
तुम देखो खुद को
आइने में
तुम क्यों यहां-वहां
बेचैन हो
तुम्हें मालूम नहीं
तुम कौन हो?

न देखो दूर दराज तुम
तुम एक पूरा ब्रहमांड हो
तुम खुद में परिपूर्ण हो
फिर, काहे का विराम हो
तुम्हें मालूम नहीं

तुम कौन हो?

तुम दबी हुई
चिंगारी भी
जो अब ज्वाला के समान हो
तुम्हें मालूम नहीं
तुम कौन हो?

तुम शीतल हो
पर आग भी
तुम बदली हो
वक्त अनुसार ही
तुम देखो, खुद को, तुम कौन हो?
तुम्हें मालूम नहीं
तुम कौन हो?

36. तुम और मैं

तुम विशाल
मैं छोटा कण हूं
तुम्हारे समझ
मैं कहां अस्तित्व हूं?
तुम समुद्र
मैं बूंद भर हूं,

तुम पहाड़
मैं उसके छोटे कण, का भी छोटा कण हूँ,

तुम गहरी
मैं तल हूं,

तुम अद्भुत
मैं सामान्य भर - सा हूं,

तुम्हारी तुलना में
मैं तुच्छ भर - सा हूं

37. प्रिय

प्रिय
कुछ कुछ हो जाता है
जब नाम तुम्हारा आता है

दिल भारी - भारी
धड़कन तेज हो जाती है
जब - जब निगाहें तुमसे टकराती हैं

फिर चाहे,
तुम देखो ना देखो
मेरी निगाहें तुम पर रह जाती है
तुम शमा हो, मैं हूं परवाना
ये ख्वाहिश दिल में रह जाती हैं

38. बात

प्रिय,
मन करता है
कि तुझसे कुछ बात करूँ

तुझे देखूं और बस
मैं तुझे सुनूँ...

एक तू ही तो है
जो मेरे पास है
वरना तेरे सिवा
कहां खुलते मेरे
जज्बात है
एक तू ही है
जिसे मैं सब बताता हूं
तेरी सुनता हूं
अपनी सुनाता हूं
अच्छा लगता मुझे
तेरा साथ है
तेरे सिवा और कौन,
कहां कोई मेरे पास है?

जब तुमसे
बात ना हो
तो कुछ खाली - खाली सा लगता है

जैसे कोई अधूरा - सा, राग है
सुनो, कुछ बात हो
तो मुझे बता दिया करो, तुम भी
तुम्हारे बिना , अजनबी- सा खुद का साथ लगता है

दिल कहता है
खोल दूँ जज़्बातों की पिटारी
जिसमें तुम्हारा नाम लिखा है
मन करता है
बता दूं, कि इस दिल में
तुम्हारे लिए प्यार रखा है
मेरे हर अल्फ़ाज़ में
बस तुम्हारा नाम लिखा है

39. तुम कौन हो तुम्हें मालूम नहीं

क्या लिखूं मैं
तुम्हारे बारे में
मेरे पास अल्फाज नहीं है
तुम कौन हो
तुम्हें मालूम नहीं

तुम कैसी दिखती हो
वो शब्दों में क्या लिखूं
ऐसे शब्द नहीं कि, तुम शब्दों में आ जाओ
फिर क्या, अफसाना लिखूं
तुम कौन हो
तुम्हें मालूम नहीं

न तुम-सा कोई हंसी है
ना तुम्हारी किसी से तुलना
ना तुम-सा कोई प्यार है
फिर तुमसे क्या झूठ बोलना
तुम कौन हो
तुम्हें मालूम नहीं

ना चांद तुम-सा है
ना चांद की चांदनी,

ना कोई फूल,
ना कोई सुनहरी वादी,

फिर क्या
तुम्हारे हुस्न का
व्याख्यान करूं?
प्रिय,
तुम्हारे होंठ
तुम्हारी पलकें
तुम्हारी निगाहें
तुम्हारी अदाएं
का क्या मैं
गुणगान करूं
तुम कौन हो
तुम्हें मालूम नहीं
"साक्षी", है यह प्रगति
तुम "म्यार" की जान हो
इसके आगे
मैं तुम्हारा क्या
व्याख्यान करूं?
तुम कौन हो
तुम्हें मालूम नहीं

40. इतना कमजोर दिल है तुम्हारा?

इतना कमजोर
दिल है तुम्हारा?
जो तुम उसे
भुला नहीं पाती हो?
कहती हो
तुम आगे
बढ़ चुकी हो,

लेकिन, खुद की
यादों से उसे
भुला नहीं पाती हो

माना कि एक
लम्हा तुमने उसके नाम जिया था
उस लम्हें को तुम भूलती हो..
फिर, क्यों उसे आज याद कर
खुद को दर्द में डुबाती हो

क्यों तलाश हो तुम
उसे किसी और में
यहां सब कि एक अलग
पहचान है

मत ढूंढो तुम, किसी को किसी में
यहां हर एक कि अपनी अलग पहचान है

माना कि, मिली थी तुमसे
भुला नहीं पाती होगी
ग़र फैसले में
तुम भी सहमत थी
आगे बढ़ने को
तो फिर क्या बात है
जो तुम्हें अब भुलाने में बाधा आती होगी?
मत भूलो कि, हर लम्हा जिया जाता है
जो तुमने भी कभी उसके साथ जिया हो
वो लम्हा आज भी है, फिर उस लम्हें को जियो
क्यों कल को याद कर, अपने आपको दुखी कर जाती हो

हर लम्हा साक्षी है, साक्षी
वो तुम्हें खुली बहार देना चाहता है
तुम ही हो, जो तुम में हो
वरना ये तो तुम्हें, पूरा जहां देना चाहता है
आगे बढ़ो और इस लम्हें को थाम लो
तुम जिंदा दिल हो, अब इसका स्वयं को प्रमाण दो!!

41. तुम सिर्फ अकेली नहीं

सिर्फ तुम सिर्फ अकेली नहीं
जो दुख, दर्द और पीड़ा
में जी रही हो,
खुद को, खुद में बंद कर
खुद पर सितम ढो रही हो,

अनगिनत निकले हैं
इस दौर से
ये तुम भी जानती हो
ये सब सामन्य है
ये तुम भी पहचानती हो
तुम्हें लगता है
ये सिर्फ तुम्हारे साथ हुआ है?
क्या तुम, सच में
इसे सच मानती हो?
कब तक?
कितना देखोगे दुख को
टूटते हुए
अंधेरी चार दीवारियो में
कब तक, खुद पर
पछतावा दिखाओगे
अखिर कब तक
यूँ ही ऐसी जिंदगी बिताओगे?

तुम्हें मालूम है
तुम क्या कर रहे हो
तुम खुद से ज्यादा
किसी के साथ नहीं रहे
तो फिर, खुद की परवाह
खुद पर प्यार कब बरसाओगे?

जिंदगी से जो मिले उसे स्वीकार करो
ग़र कोई परिवर्तन करना है, उसमें
तो फिर, उसमें प्रयास करो
सब तुम्हारे हाथ में है, प्रिय
मुठ्ठी को खोलो
और प्रयास करो,

कुछ जो टूट गया, या छूट गया
उसे भूलो
जो बचा है उसे प्यार करो
मत कर उस को, खुद से गैर
और थोड़ा खुद से भी प्यार करो...

कर लो, खुद को स्वतंत्रत
ना जकडो बेड़ियों में
तुम यहाँ अकेले नहीं
खुद की दृष्टी पर विचार करो

42. इसे जी लो

हर दिन तुम्हारा है
इसे जी लो
देखो जरा गौर से
क्या-क्या है तुम्हारे पास
इस लम्हे में खुलकर रह लो
इसे जी लो

क्या पता तुम्हें
जिसमें तुम हो
ये औरों की
ख्वाहिश हो
फिर इसे जाया ना करो
इसे जी लो

मालूम है तुम्हें
कि ये पल और ना आएंगे
कुछ है दिल में ,तो कह लो
गर ,कुछ करना है तुम्हें ,तो बस कर दो
मत डरो, तुम इस पल से
इसे जी लो

होती है, हर आंखों की ख्वाहिशे हजार
इसे जिंदा कर के जी लो
नहीं मिलेगा आज-सा समा कल

फिर इसमें जी लो
इसे जी लो
सोचा है जो भी बरसों से
उसे आज इस पल में ही कर लो
मत रुको तुम किसी रोक में
अपने पसंदी का रंग,अपनी जिंदगी में भर दो
जी लो उस हर एक लम्हे को, जो तुम्हें जीना है
कुछ लौटता नहीं यहां, चले जाने पर
कुछ रुकता नही, तुम्हारे रुक जाने पर
फिर छोड़ो व्यर्थ की बाते
बस, जिंदगी को जी लो
इसे जी लो

43. सुनो

सुनो, कोई बात हो तो
बता देना
बिना घबराए, बिना शर्माए
चाहे बिना मुस्कुराए...
तुम्हें जैसा चाहे अच्छा लगे
तुम उस अंदाज में बता देना
तुमसे हूं मैं, तुम्हारा हूं
इन पलों में उसका
एहसास करा देना...
सुनो, ग़र कोई
गुस्ताखी कर बैठूं
जाने अनजाने में
तो माफ करना
हद से मुझे बताना
और इंसाफ करना

चाहे बन जान
उस क्षण के लिए अजनबी
बस मुख से अपने ही फरमान करना जान हो तुम मेरी
हक है तुम्हारा
इन पलों में उसका एहसास करा देना

सुनो, कुछ बात हो
तो मुझे से बता देना!!

44. फूल और माली

तुम्हें सुन
अब तो मैं भी डरने लगा हूं
कि कहीं तुम मुझसे ना डर जाओ
मैं देखूं तुम्हें प्यार से
और तुम कहीं घबराने ना लग जाओ

इस कदर तुमसे प्यार हुआ
कि तुम प्यार से ही डरने लगी
अब मैं डरता हूं
कि कहीं तुम मुझसे ना डर जाओ

तुम फूल हो
मैं उसका माली
मैं हूं सिर्फ तुम्हारा रखवाला
तुम्हें तोड़ूंगा नहीं, नोचुंगा नहीं
एक पल की खुशी के लिए उखाड़ दूंगा नहीं
मैं सिर्फ तुम्हें संरक्षित करूंगा
और तुमसे प्यार
कलि हो तुम और मैं तुम्हारा सुरक्षाकार

45. अंदाज़

क्या बोलूं तुझे
शबाब मैं?
या लिखूं तुझे
गुलाब में,
कैसे बताऊं
कि कैसे मुस्कुराती हो तुम
कभी खुले बाल
कभी जूड़ा और
उन पर मेरा फूल लगाती हो तुम
पेशानी को ढकते
तुम्हारे केश, लटों में बदल जाते हैं
कटीले से नैन, जुल्फों से घिरे
तुम्हारे फूलों से चेहरे को कली बनाते हैं
नाक में नथ
नखरे भरी
नटखट गुस्से से बातें भरी
फिर भी इस जुबां से
फूल बरसाती हो
अब कैसे बताऊं
तुम्हारे बारे में
इतने अलग- अलग अंदाज
तुम दिखाती हो

46. मैं तुम्हें देखता हूं

मैं किसी और को नहीं
बस, तुम्हें देखता हूं,

मैं कुछ और नहीं
बस, तुम्हें सोचता हूं
तुम्हें क्या फूल दूं मैं
मैं तुम में ही हर फूल देखता हूं,
तुम पास आती, चेहरे पर मुस्कान लाती
मैं हर एक को कहां जान बोलता हूं

निगाहों में तुम्हारे चश्मा लगा है
मैं उस चश्मे के आगे के अल्फाज बोलता हूं
मैं किसी और को नहीं
बस, तुम्हें देखता हूं

47. मैं ज़मी पर बैठा, आसमान देखता हूं

तुम रंग बिरंगी

फूलों -सी बहार हो

तुम में, मैं अपनी हर शाम देखता हूं

मैं जमीन पर बैठा आसमान देखता हूं

तुम वो हंसी ख्वाब हो

जिसको मैं हर बार देखता हूं

निगाहें चाहे बंद हो, या खुली हो

मैं चेहरा तुम्हारा हर बार देखता हूं

मैं जमीन पर बैठा आसमान देखता हूं

तुम वो रंगीन स्याही हो

मैं कोरा कागज बन

उस पर तुम्हारा नाम देखता हूं

मैं जमीन पर बैठा आसमान देखता हूं

तुम पानी हो और तुम ही प्यास हो

मैं हर खूबसूरत अरमान तेरे साथ देखता हूं

मैं जमीन पर बैठा आसमान देखता हूं

तुम गर फूल बनो, तो मैं भंवरा बनूँ

तुम गर मोम बनो, तो मैं ज्वाला बनूँ,

तुम गर पानी बनो, तो मैं सैलाब बनूँ

तुम अगर जिस्म बनो, तो मैं जान बनूँ

इस कदर मैं तेरा साथ देखता हूं

मैं जमीन पर बैठा आसमान देखता हूं

48. तुम अपना ख्याल रखा करो

तुझे दर्द हो तो
मुझे भी कुछ हो जाता है
पता नहीं क्या ?
कहते हैं लोग ,मेरा चेहरा उदास हो जाता है
उन पलों में ,हर पल बस
तेरा ही ख्याल आता है
फिक्र हो जाती है, मुझे तुम्हारी
दिल में तुम्हारे नाम का एक सैलाब आता है
कुछ ख्याल रखा करो
तुम अपना
मुझे हर पल तुम्हारा ख्याल आता है
सोचता हूं मैं तुम्हारे बारे में
और दिल भी रो जाता है
तुम हो इतनी मासूम
कि बस प्यार तुम्हीं पर आता है
थोड़ा ध्यान रख लिया करो तुम अपना
तुम्हारे साथ ही तो "अपनेपन" का एहसास आता है
तुम दर्द में इतनी कमजोर हो गई
मुझे तुम्हारे हर उस लम्हे में
तुम्हारे साथ रहने का ख्याल आता है तुम अपना थोड़ा ध्यान रखा
करो
मुझे हर पल तुम्हारा ही ध्यान आता है

49. मुझे नहीं पता तुम कौन हो!

मुझे नहीं पता
तुम कौन हो?
मैं तुम्हें देख
मुस्कुरा देता हूं

हाल-ए-दिल
सिर्फ तुम को सुना देता हूं
ग़र बात तुम पर आए
तो मैं खुद को
आगे ला देता हूं

तुम गर रूठ जाओ
तो तुमको मैं
मना भी लेता हूं

तुम पर ही
मैं अपना हक
और अपना प्यार
जता लेता हूं

मैं सिर्फ तुम मैं
अपना सारा संसार

समा देता हूं

मुझे नहीं पता
तुम कौन हो
मैं तुम्हें देख
मुस्कुरा देता हूं

50. दृष्टि

तुम हो वो हीरा
जिसे ना जाने
कितने लोग
तरसते हैं

तुम इतनी
अनमोल हो
जिससे कोई नहीं पहचानता

वो तुम्हारी
किस्मत क्या लगाएंगे
जो तुम
तलक की गिनती ही
नहीं जानते

मत आको
तुम किसी को
किसी के नजर से
तुम देखो
खुद को अपने ही
नजरिए से
तुम कहां
तलक हो

खुद को अकती
तुम भी कहां
अपनी किमत हो नपाती

मैं तुम्हें
बताऊंगा
तुम कौन हो
इस तक की
मेरी दृष्टी कहां?
फिर क्यों तुम, खुद को
किसी की दृष्टि से हो आकती!!

51. सदा

सदा, तुम ही हो प्रिय
मैं अपने नाम के ऊपर
तुम्हारा नाम लिखता हूं
प्रेम भरे शब्दों से
तुम्हारे नाम पर
कागज पर पैगाम लिखता हूं

ग़र, तुम ना होती प्रिय
तो मैं कहां था?
मैं बस लबों पर अपने
तुम्हारा नाम लिखता हूं
प्रेम भरे शब्दों से
तुम्हारे नाम पर
कागज पर पैगाम लिखता हूं
हो चाहे जो भी समाँ
हूं मैं चाहे जिस भीड़ में
सदा निगाहों में तुम्हें
रखता हूं
तुम्हारी तस्वीर को
मैं अपने पास रखता हूं सदा
प्रेम भरे शब्दों से
तुम्हारे नाम पर
कागज पर पैगाम लिखता हूं

ना सोचा है मैंने
कोई और तुम्हारे सिवा
ना तुम-सा किसी पर प्यार आएगा
तुम्हारे नाम के अतिरिक्त
ना "म्यार" की कलम
से किसी के नाम का
पैगाम आएगा
प्रेम भरे शब्दों से
तुम्हारे नाम पर
कागज पर पैगाम लिखता हूं

52. माना

माना, कि तुम
खुद को बड़ी बताती हो
बच्ची नहीं हो
दिखाती हो

मगर, बिन बोले मत जाया करो
फिक्र हो जाती है मुझे तुम्हारी
थोड़ा तो सोचो
डर जाता हूं मैं
ऐसे ना डराया करो
माना, यहीं हो तुम
नहीं गई दूर
लेकिन, कम से कम
कुछ तो बताया करो
थोड़ा तो सोचो
डर जाता हूं मैं
ऐसे ना डाला करो
माना, तुम मजबूत हो
कुछ नहीं होगा तुम्हें
मुझे फिर भी
तुम्हारी चिंता हो जाती है
मुझे बस एक बार
बताया करो

थोड़ा तो सोचो
डर जाता हूं मैं
ऐसे ना डराया करो

53. व्याख्यान

क्या दोष दूं मैं तुम्हें?
या किस को इल्जाम दूं
क्या हाल हुआ है मेरा, इसका तुम्हें क्या व्याख्यान दूं
रातों में सोते - सोते उठ जाता हूं इसका किसको इल्जाम दूं
बेमतलब डर जाता हूं मैं
आख़िर तुम्हें किस - किस का व्याख्यान दूँ

किस कदर तुम में खोया हूं
इसका किसको इल्जाम दूं
नींद ही उड़ गई है मेरी और तुम भी फिक्र है इस काम में तुम्हें
क्या व्याख्यान दूं

आंखों से लेकर, ये दिल तक का व्यापार है
कहते हैं जिसे इश्क
इसका किसको इल्जाम दूं प्रिय
म्यार तुम में खो गया है साक्षी
इसका तुम्हें क्या व्याख्यान दूँ

54. सब दरवाजे तुमसे

तुम प्यार से भरी
अपने अतीत से डरी
और भविष्य की चिंता में परेशान हो
सब दरवाजे तुमसे हैं
तुम क्यों ख़ुद से अनजान हो,
कहीं जाना है तो
बढ़ो आगे
क्यों रुकी बैठी, खुद को धोखे में रखती जान हो
सब दरवाजे तुमसे हैं
तुम क्यों ख़ुद से अनजान हो,
मत भूलो,
जिंदगी रूकती नहीं
थकती नहीं
किसी के जाने और चले जाने से
फिर तुम क्यों खुद को देखती हो पत्थर
तुम इन शब्दों से अनजान हो
आखिर, कब तक
खुद से बोलोगी?
तुम क्यों बनी, सब चीजों से अनजान हो
सब दरवाजे तुमसे हैं
तुम क्यों ख़ुद से अनजान हो

55. जब तुम्हें मैं देखता हूं

जब तुम्हें मैं देखता हूं
उस लम्हे में, मैं हर लम्हा जी लेता हूं
जब तुम्हें मैं देखता हूं
तो बस सिर्फ, तुम्हें ही मैं देखता हूं

जब तुम्हें मैं देखता हूं
तो सुकून से भर जाता हूं
जब तुम्हें मैं देखता हूं
शांति, शीतलता और विराम से भर जाता हूं
जब तुम्हें मैं देखता हूं
तो गदगद हो जाता हूं

जब तुम्हें मैं देखता हूं
साक्षी है मेरी रूह
मैं म्यार बन जाता हूं।।

56. देवी

हे....

मेरी देवी ,

मुझे माफ़ करना

मैं नादान बालक हूं

जाने अंजाने, मैं जो करूं

उस का न हिसाब करना

कर देता हूं

मैं गलतियां, अंजाने मैं

मेरी देवी ,

तुम रूठ न जाना

नादान बालक हूं

नही कर पाऊंगा प्रसन्न तुम्हे ,

हे देवी, मुझे से रूठ न जाना

मेरी देवी,

मेरा सब कुछ तुम हो,

तुम रूठ गई

तो कहां जाऊंगा मैं?

नादान बालक हूं, टूट जाऊंगा मैं

कैसे अपनी धडकनों के बिना जी पाऊंगा मैं?

हे देवी,

भगत हूं मैं तुम्हारा

मुझ भगत पर कृपा बरसाना

कर बैठूं कुछ गलती, नादानी

तू सद्बुद्धि दे कर देवी भूल जाना।।

57. क्या बताऊं तुम्हें प्रिय

क्या बताऊं?
तुम्हें प्रिय,
तुम आज भी
मुझे ख्वाब
लगती होगी!

जो उतारे, ना उतरे
ऐसा, शबाब
लगती हो!
मैं मयखाने का, शौकीन नहीं
लेकिन, तुम मुझे
गुदगुदी शबाब लगती हो!

सब चांद, सितारे
एक तरफ
और एक तरफ तुम्हारा चेहरा है
तुम हसीं से भी हसीं
ख्याल लगती हो

ना देखूं मैं
चांद, तारे
ना देखूं मैं सितारे
तुम्हारी आंखों में ही
दिखे मुझे सारे नजारे

तुम इस कदर बेमिसाल लगती हो!

और क्या-क्या
बताऊँ
तुम्हारें बारे में, प्रिय
खुद "म्यार", साक्षी है
तुम म्यार के अल्फाजों
से उपर अपने
अंदाज़ रखती हो!!

58. ख्वाब तुम और ख्वाब

तुम दिन में
नजदीक नहीं आती
ख्वाबों में बतलाती हों...

उठ जाता हूं, मैं नींद से
जब- जब तुम, ख्वाबों में पास मेरे आती हो...

यूँ तुम्हारा ख्वाबों में मेरे आना
आम हो गया
लेकिन ये नाचीज "म्यार" तुम्हारे नाम के आगे
बेनाम हो गया...

तुम खोई हो अपनी मस्ती में
ये तुम में खो गया
तुम भूल भुलैया हो
ये सब भूल
तुम् में मोह गया
अब ख्वाब को
लगता है
तुम्हारी आदत हो गई है
ये तुम्हें छोड़ कहां किसी और में खो गया?

59. संगम

तुम् एक शहजादी
मैं तो बस एक आम हूं

तू पालने में पली-बड़ी
मैं मिट्टी से जुड़ा नाम हूँ

तुम इंग्लिश वाली मॉडल मैम
मैं हिंदी का शान हूँ

तुम पश्चिम के अंग्रेजी कल्चर की
मैं रामायण को करता प्रणाम हूँ

तुम आधुनिक नारी
मैं वही प्राचीन श्याम हूं
तुम्हारे हीरो मार्वल है
मैं गंगाधर वाला शक्तिमान हूँ
तुम्हारी हर शाम रेस्तरां वाली
मैं संध्या में भजन कीर्तन पे करता अभिमान हूं

तुम बिल्डिंग का सबसे ऊंचा टावर हो
मैं बस उसकी नींव, पिलर के समान हूं

तुम सर्वगुण संपन्न राधा
और मैं तुम्हारा घनश्याम हूँ

60. हो तुम खास

हो तुम खास
अल्फाजों में
कैसे बताऊं?
तुम देखो ना खुद को
मैं तुम्हें, तुमको कैसे दिखाऊं?
ना ढूंढो तुम
कि सुगंध कहां है?
तुम ही हो इसकी मल्लिका
इसका तुम्हें एहसास कैसे कराऊं?
तुम देखो तो सही
ये चांद, तारे
आसमां के सारे
निहारते हैं तुम्हें
ये तुम्हें मैं कैसे दिखाऊं?

हो तुम खास
प्रिय,
यह पूछो ना "म्यार " से
खुद खुदा होगा "साक्षी"
तुम खुद देखो तो सही
इस खुदा के बनाए अफताब को!!
मैं तुम्हें कैसे दिखाऊ?

61. ग़र तुम

ग़र तुम देखो ना
तो सब खाली-खाली सा लगता है

ग़र तुमसे बात ना हो
तो सब अनसुना-सा लगता है
अगर तुम्हें देखूं ना
तो सब अनदेखा-सा लगता है

गर तुम हंसो ना
तो सब उदास-सा लगता है
अगर तुम्हारे साथ एक पल ना बीते
तो पूरा दिन, बकवास-सा लगता है
ग़र तुम से बात ना हो शाम में
तो रात, रात नहीं लगता है
ग़र तुम्हें फूल ना लगाऊं
तो वंदना अधूरी लगता है

62. वह साधारण सी लड़की

वह साधारण-सी लड़की
यूँ देखते ही देखते खास हो गई
और पता भी नहीं चला...

वह साधारण-सी
लगती थी
औरों की तरह मुझे
समान ही दिखती थी
यूँ देखते ही देखते खास हो गई
और पता भी नहीं चला...
सरल स्वभाव उसका
मेरे लिए अनमोल हो गया
यूँ देखते ही देखते खास हो गई
और पता भी नहीं चला...

कभी कुछ सोचा ना था
उसके बारे में
सब कुछ सरल था
आज कुछ सरल नहीं
सब असामान्य है
वो अब
यूँ देखते ही देखते खास हो गई
और पता भी नहीं चला...

मैं सामाजिक प्राणी
जो लिखता था
संसार पर,
राजनीतिक विचार पर,
देश के हालात पर,
आज मेरी कलम
सिर्फ उस तक हो गई
अब वो
यूँ देखते ही देखते खास हो गई
और पता भी नहीं चला...

ग़र खोलो अल्फाजों
की तिजोरी
तो बस नाम उसका
ही आता है
मेरे अल्फाजों में वो
यूँ देखते ही देखते खास हो गई
और पता भी नहीं चला...

63. मुझे स्वीकार है

तुम जो हो,
जैसी हो
मुझे स्वीकार है
मुझे बस तुमसे प्यार है

नहीं बदलना मुझे तुम्हें,
चाहे ज़माना कहे
तुम्हारी अपनी काया है ये
मुझे किसी से प्यार है

ग़र लगे तुम्हें की कुछ सही नहीं
तो स्वतंत्र हो तुम, वही
जो चाहे, वो काम करना
अपनी खूबियों से एतबार करना
मुझे तुम्हारे ऐतबार से प्यार है

ग़र है तुम्हारी अदा
नखरीली, थोड़ी गुस्सेली
इससे ज़्यादा और
क्या कमाल है?

तुम मेरे हृदय मंदिर
की प्रेम देवी हो, प्रिय
देवी कहकर मनाता रहूंगा

मुझे तुम्हारे नखरे से भी प्यार है

तुम जो दूर हो, जाती हो
बस मौजूद रहो
मेरे हृदय की तुम
ज्योति हो
बस अपने वजूद रखो
मुझ में हो तुम
यूं ही मुझ में बरकरार रहो
सेवक हूं मैं तुम्हारा
मुझे तुम्हारी हर उल्फत से इजहार है
मुझे बस तुमसे
और सिर्फ तुमसे, प्यार है!!

64. तुम विशाल हो

तुम एक छोटी चिंगारी
और तुम ही ज्वाला हो,
तुम एक दरिया
और तुम ही विशाल सागर हो,

तुम एक झोंका
और तुम् ही एक तूफान हो,
तुम एक कण
और तुम ही एक विशाल पहाड़ हो,
तुम एक जमीन
और तुम ही ऊंचे अकाश हो,

तुम एक, ही हो
और तुम ही हजारों किरदार हो,

तुम कभी, रुकना नहीं
तुम बहुत ही विशाल हो

65. हां मत बोलना

तुम कभी "हां" मत बोलना
मेरे प्यार में, ना कभी
खुद को धकेलना
मैं हालातों का मारा बाशिंदा हूं
तुम इन हालातों से ना अपना रिश्ता जोड़ना

मैं वीरान दीवार हूं
तुम इसे ना आबाद करो
अंधेरों में, हूं मैं
तुम खुद को ना परेशान करो

कभी जुड़ना ना मुझसे
मैं हारा हूं हालातों से
नहीं देखता मैं, वो ख्वाब
जो हासिल ना हो, दीदारों में
हो गया, तो मैं ही
बताऊंगा
अभी काबिल नहीं हूं मैं
तुम्हारे
तुम्हें क्यों मैं कोई ख्वाब
दिखाऊंगा?
ग़र हुई तुम परेशां
तो कैसे ख़ुद से आंख
मिलाऊँगा

नहीं करनी मुझे
कोई ऐसी भूल
जिस भूल से
मैं घुट-घुट कर
मरता जाऊंगा !!

66. वो लड़की

वो, लड़की गुलाब की टहनी जैसी
कमल की तरह मुस्कुराती है...
काले बाल पेशानी पर
चेहरे पर लटे
चेहरे की शोभा बढ़ाते...

बालों का जूड़ा
फूलों लगा
घटाओं में
खुशबू बढाता...
छोटी-सी आंखें
शरारतो से भरी
चश्मे लगी
गुदगुदाती आंखों को
छुपाती...
मीठे बोल,
मिश्री भरे
प्रेम के अल्फाज
दिखाते...

प्यारी-सी छवि
परियों भरी
जिस की हर अदा में
अदाएं भरी...

बुद्धि, विवेक
मस्तिष्क में
बातों में समझदारी भरी...

67. तू और तेरी यादें

तू साथ रही
मेरे हृदय के पास रही
तेरे सिवा,
कुछ सोचा ही नहीं
मैंने

तुम मेरे लबों के
अल्फाज
और मेरी कलम के
जज्बात रही

जुड़ी बहुत-सी हसीं
यादें तेरे संग
तेरे साथ में ही
मेरी हर खुशीनुमा शाम रही

तेरे साथ
चंद लम्हे
बिताए हैं मैंने
तू उन,
चंद लम्हों
से भी ज्यादा
मेरे साथ रही...

बैठा हूं
कई शाम
तेरे साथ
उन शामों की
बातें मेरी
याद रही...

जागा हूं, कई रात
तुझे सोच कर
उड़ाई है
नींद तूने मेरी
क्या सोचकर!
अभी भी वो यादें
मुझे याद रही
और आज भी तू
मेरा चांद रही

तुझसे प्यार नहीं
पूजा है मैंने तुझे
तू मेरी
इस कदर जान रही

तू और तेरी यादें ही
बस, अब तक
मेरे नाम रही!!

68. मैं तेरा बनना चाहता हूं

मैं, जिंदगी का
सफर
तेरे साथ,
बिताना चाहता हूं
तुझे ख्वाबों में
ही नहीं सिर्फ
अपना बनाना चाहता हूं

तेरी हुकूमत में
अपनी सल्तनत बिताना चाहता हूं
तुम, मल्लिका-ए-हुस्न हो
मेरे जहान की
और मैं तुम्हारा
दास बन
जीवन बिताना चाहता हूं

मेरी सांसो का
सफर तेरे साथ हो
तुझे मैं अपने
रोम-रोम में
बसाना चाहता हूं
मेरी जिंदगी की
मंजिल तू है
मैं तेरा मुसाफिर सवारी बन

तुझ में समाना
चाहता हूं
मैं तुझ चांद में
अपना जहान देखता
तुझे अपने दिल की
गहराइयों में
बसाना चाहता हूं
मैं लिखूं तुझ पर
मेरी कलम चले तुझ पर
कहते हैं लोग
मुझे अब शायद
मैं बस तुझे अपनी शायरियों में
दर्शाना चाहता हूं

मेरी कलम हो
मेरी साक्षी,
मैं सिर्फ तेरा
म्यार बनाना चाहता हूँ
अपनी जिंदगी का सफ़र
तेरे नाम करना चाहता हूं!!

69. व्यक्तिगत

कुछ चीज़े
बहुत अनमोल होती है
जैसे कि तुम...
कुछ खुशियां
व्यक्तिगत होती हैं
जैसे कि तुम्हारा साथ...
कुछ हसीं पल
बहुत सुनहरे होते है
जो जग जाहिर, नहीं करते है
जैसे कि तुम्हारे साथ बीते
हर एक लम्हें...
कुछ बाते
सिर्फ़ बाते नहीं
भावनायें होतीं है
जो सिर्फ़ हम तक रहें
जैसे कि तुम्हारी और मेरी बाते...
कुछ चेहरे
ना दिखे किसी को
तो ही अच्छा है
जैसे कि तुम्हारा...
कुछ शक्स
अपनी शख्सियत से
दिल में बसे होते है, प्रिय
जैसे कि सिर्फ़ तुम...

कुछ पहचान
रहस्यमय ही रहे
तो अच्छा है
जैसे कि तुम्हारा नाम...

70. वो हसीना

हम उसकी
अदाओं के मारे
डूबे हैं उसमें
उसके इश्क में बेचारे,

वो उसकी
चश्मे वाली आंखें
हंसी से भरी मुस्कान
कश्मीरी उसकी त्वचा
वो हुस्न से जवान
वो सोने भी नहीं देती
उसके ख्वाबों से हूं परेशान
हर सुबह, हर शाम
वही है निगाहों में
उसके ख्यालों में ही
डूबी है हर शाम
वो खूबसूरत हसीना
जिसके नाम के बाद
रखता हूं मैं अपना नाम

71. अब और नहीं

प्रिय,
मुझे पता ही नहीं था
मेरे पास दिल था
जब तुमने इसमें दस्तक दी
जब मुझे इसकी जानकारी मिली
जब तुमने इसे सताया
तभी तो मैंने इसे जाना

तुमने ना जाने
क्या मेरा हाल कर दिया?
मेरे विवेक, आदर और
जीवन सब कुछ बेहाल कर दिया
तुम बिताती हो दिन शान से
और तुमने मेरे दिनों को
बर्दाश्त से बाहर कर दिया

इस जिंदगी से
तो बेहतर होता
तुम मेरे जिगर में
खंजर उतार देती

तुम्हारे इस आदतों के वार ने तो
मुझे अधमरा कर दिया

देखो मुझे गौर से
मैं पहले क्या था
और तुमने मुझे क्या कर दिया?
जब तुम मेरी जिंदगी में आई
तो मैं इंसानो- सा था
तुमने स्वयं की दूरियों से
मुझे इंसानों से गया गुजरा कर दिया

मैं अपनी बुद्धि को,
सारी समझ,
सारा साहस
सब कुछ खो चुका हूं
एक वाक्य में कहूं
तो अपना सब
कुछ गंवा चुका हूं
"मैं खुद को, खो चुका हूं"

❦❦❦

72. मैं समझ नहीं पाता

मैं समझ नहीं पाता

मैं दूर हूं तुमसे जाना चाहता

क्यों तुमसे हूं मैं जुड़ा

जब नहीं है तुमसे मिलने की आशा!!

मैं जो हूं

उस रूप में नहीं

तुम्हें हूं मिलना चाहता

परिवर्तन का प्रयास जारी है

बदलाव की अब

मुझ तक आने की बारी है

सब प्रयास तुम्हारे लिए

बस तुम तक

ही बनी मंजिल हमारी है

तुम एक पूरा ब्रह्मांड हो

जिसको समझने में

बीतने वाली जिंदगी सारी है

तुम स्वर्ग लोग की अप्सरा

मैं धरती का तुच्छ मानव

क्या मिलन हमारा संभव कारी है

या, मैं समझ नहीं पा रहा

जितनी दूरी हमारी है!!

73. तुम्हारा नाम "विटनेस"

तुम्हारा नाम
न जाने
कितनों को व्याकुल कर देता है
सब तुम्हारी
पहचान जानना
चाहते हैं जान
ये तुम्हारा नाम
सब कुछ उत्सुक
कर देता है

तुम्हें नहीं पता
तुम कौन हो?
इस कौन से
पहचान
को लेकर
ये विटनेस शब्द
उन्हें परेशान कर देता है!
तुम एक गुमनाम-सी नाम
हो गई हो
ये गुम नाम ही तुम्हारा
नाम कर देता है!!

74. महक

मैं चाहे जिस फूल को सूंघू
मुझे बस महक तुम्हारी आती है

देखूँ भले ही, मैं चांद को
मुझे उसमें भी सूरत ,तुम्हारी नजर आती है

बयार चले झोंके-सी
मुझे उस झोंके से एहसास तुम्हारा करा आती है
चार दिशाएं, हर एक राहें
मुझे तुम तक ही ले आती हैं
"म्यार" की मंजिल "साक्षी" है
जिसकी हर रहा तुम तक आती है

75. तुम महारानी

चेहरे में चमक
मुख में मुस्कान
पेशानी में स्वाभिमान का ताज व्यक्तित्व, में शाही अंदाज
तुम सबसे अलग दिखती
तुम महारानी लगती हो

उज्जवल-सी ज्योति
तुम सबको हो मोहती-सी पोशाक
बातों में लखनवी अंदाज
वही पुराने रजवाडो वाले, शौकीन मिजाज़
तुम सब से अलग दिखती हो
तुम महारानी लगती हो
जिंदादिली
आंखों में पली
हुकूमत तुमसे चली
गरिमा और स्वाभिमान से भरी
तुम स्वयं साक्षी हो
हर महफिल की शोभा तुमसे बड़ी
तुम सबसे अलग दिखती
तुम महारानी लगती हो

विशाल हृदय
करूणा, प्रेम, से भरी
ये तुम भी जानती हो

तुम किसी अप्सरा से भी सुंदर
सबसे हंसी लगती हो
तुम सबसे अलग दिखती
तुम महारानी लगती हो

तुम प्यारी-सी...
हर अदाओं में
अंबर की परियों से भी बढ़कर
खुद का वजूद रखती हो
बेमिसाल से रवैया की
समर्पण, त्याग, सहयोग
और करूणा से तुम भरी पड़ी
स्वाभिमान से तुम बनी
तुम सबसे अलग दिखती
तुम महारानी लगती हो

कोमल हृदय
चंचल बातें
राजघराने सी हुकूमत
अदब मुलाकाते
तुम खुद रंगी-सी पहचान रखती हुई
तुम सबसे अलग दिखती
तुम महारानी लगती हो

76. मैं तुझ में समाना चाहता हूं

तू बन जा ज़मी

मधुबन मेरे प्यार की

मैं अकाश बन

तुझ में प्यार बरसाना चाहता हूं

मैं तुझ में समाना चाहता हूं

तू कल्पना बन तो सही

मैं उस ख्याल को

सच में, हकीकत बनाना चाहता हूं

मैं तुझ में समाना चाहता हूं

तू बसंत की वो बहार है

जो प्रकृति का चमत्कार है

तू कोमल कली

मैं तेरी महक बन

एक हसीं समा बनाना चाहता हूं

मैं तुझ में समाना चाहता हूं

तू संध्या की खूबसूरत शाम है

आंखों में बस जाए

ऐसा मनभावन जहान है

मैं उस समय में शीतल लहर बन

उसे और हसीन बनाना चाहता हूं

मैं तुझ में समाना चाहता हूं

तू कलम हो मेरे मन की
मैं स्याही बन तुझ में
बस जाना चाहता हूं
मैं तुझ में समाना चाहता हूं

तू चांद है
मेरे जहान का
मैं सितारे बन, तेरे आस पास बिखर कर
तुझे निहारना चाहता हूं
मैं तेरी चांदनी बन
तुझ में चमकना चाहता हूं
मैं तुझ में को सामना चाहता हूं

मेरी कलम बन जाए
मेरे प्यार की "साक्षी"
मैं इस कदर, तुझ में प्यार बरसाना चाहता हूं
मैं सिर्फ तेरा "म्यार" बन
तेरे दिल में बस जाना चाहता हूं
मैं तुझ में समाना चाहता हूं!!

77. तुम और मैं

कभी खुश हो जाता हूं
कभी डर जाता हूं
तुझे अपने पास - आते देख
मैं तेरे सजदे में
अपना सर झुकाता हूं

कुछ भी याद नहीं
मैं सब कुछ भूल गया
तेरे सरगोशियां
का मंज़र समेटे
मैं खुद का सफ़र भूल गया
मैं बेचैन निकला था
सुकून की जुस्तुजू लिए तुम्हारे मिलने से क़रार आ गया

क्या बताऊं कौन हो तुम
एक पवित्र आग या
जेहन में पिन्हां ख्वाब
जो भी हो,
तुम मेरी कायानात हो

क्या बताऊँ कौन हो तुम?
मेरे दिल की आवाज
मेरे दिल में छुपा एक ख्वाब
या मेरे दबे-दबे से ज़ज्बात

या यूं कहूँ मौन हूं मैं,

तेरे सजदे में लिए
झुका सर
खड़ा तेरी चौखट पर
"ना पूछो कि कौन हूँ मैं?"

78. मैं तेरा अंश बन जाऊँ

मैं बन कर फूल
तेरे केशों में
लग जाऊंगा
तू जहां- जहां जाए
मैं तेरा साया बन जाऊं

तेरी हर फ़िज़ाओं कि
मैं शोभा बन जाऊं

मैं तेरी इबादत करता बाशिंदा
बस तेरे ज़हन की चमक बन जाऊँ

79. तुम ही रहती हो

तुम शब्दों से दूर
मेरी भावनाओं में रहती हो,

मेरी कलम के, अल्फाजों में
तुम ही रहती हो

बोलता हूं, तुम मेरी बातों में रहती हो
मैं मुस्कुराता हूं, मेरी मुस्कान में तुम रहती हो
मैं सोचता हूं, मेरा इल्म क्या है?
मेरे ख्यालों में, बस तुम ही तुम रहती हो

ना जानू कि इसका सबब क्या है?
मेरे हर सबब में तुम ही रहती हो!!

80. प्यार करता हूं

मैं तेरी
खूबसूरती पर नहीं
तुझ पर मरता हूं
मैं तेरे जिस्म से नहीं
तुझसे प्यार करता हूं
मैं तेरे हुस्न का नहीं
तेरा दीदार करता हूँ
मैं अपने दिल की देवी
तुझे बना,
तेरे चरणों में फूल
समर्पण करता हूं
मैं तेरी पूजा करता हूं
मैं इश्क के गहरे
समुंदर में
उस की गहराइयों से भी
ज्यादा प्यार करता हूं
मैं सपनों में भी
तेरा दीदार करता हूं
मैं तुझे
खुद से भी ज्यादा
प्यार करता हूं!!

81. वो अनजान

वो अनजान
आज मेरी जान बन गई
उसे देखा था
एक रोज,
आज वो मेरा
हर रोज का ख्याल बन गई
वो अनजान
आज मेरी जान बन गई

जिसको देख
कभी मैंने
खुद को छुपाया था
अपना नाम,
अपना पता,
भी ना ढंग से बताया था
आज उसके साथ
मेरी पहचान बन गई
वो अनजान
आज मेरी जान बन गई
जिसे देख
एक रोज
मैं दूर भागा था
आज के कदमों के पीछे
मेरे कदमों के निशान पड़ गए

मेरे फोन का वॉल
मेरे स्क्रीन का पासवर्ड
मेरे पेटीएम पिन
वो अनजान बन गई
वो अनजान
आज मेरी जान बन गई

मैंने कॉपी पर कभी
किसी का नाम ना लिखा
आज मेरी कॉपी का
हर पेज "साक्षी" है
वो अनजान
"म्यार" की धड़कनों का
नाम बन गई
वो अनजान
आज मेरी जान बन गई

82. बदलाव

कभी-कभी बहुत कम बोलना
बहुत ज्यादा ही
भरी भावनाओं
को दर्शाता है

जैसे, शब्दों का ना मिल पाना
इतनी फीलिंग है
कि शब्दों के कदो का
छोटा हो जाना,

अक्सर, दिल की बातें
जुबान से नहीं हो पाती
तो एक खामोशी
घर कर जाती है,

उस समय, उन पलों का
व्यवहार
लगाओ, और स्नेहपूर्ण व्यवहार
शब्दों की कमी
और खामोशी को दूर करता है

उसके सम्मुख
बदले अंदाज
और बदला, व्यक्तित्व में

भी निखार आ जाता है

कुछ चीजों के लिए
मन मचलता है
जैसे उससे मिलना,
उसे देखना
बिना कुछ कहे
बस उसे सुनते जाना,
उसको अपने ख्यालों में पाना
उसकी हर एक चीज़ से खुद को जोड़ना
उसके साथ समय बिताना
और बस उसका
सिर्फ उसका ही हो जाना

83. तू यूपीएससी वाली एक शायर का प्यार है

तेरे इतने छोटे से
दिमाग में
न जाने कितना बड़ा
संसार है
तू यूपीएससी वाली
एक शायर का प्यार है
तू डूबी है स्पेक्ट्रम में
पढ़ती इतिहास है
शेरो, शायरी से
तेरा ताल्लुक नहीं
और मुझे करना तुझे
शायरियों से इज़हार है
तू यूपीएससी वाली
एक शायर का प्यार है
तेरा दिन शुरू होता है
द हिंदू से
और रात रात भर
रिवीजन का बुखार है
उस शायर का
तू दिन तू शाम है
और तू ही खुमार है

तू यूपीएससी वाली
एक शायर का प्यार है
तू देखती है किताबों को
पलटती पन्नों को
बार-बार है
वो डूबा तेरे इश्क में
उसकी आंखों में
तू शुमार है
तू यूपीएससी वाली
एक शायर का प्यार है
तेरे हाथों में कलम
और जुबां पर
संविधान के अनुच्छेद याद है
कभी उसे भी तो देख
जिस के हाथों में फूल
और उसकी निगाहों में
तेरा नाम है
तू यूपीएससी वाली
एक शायर का प्यार है
"म्यार" की शायरी
"साक्षी" होगी
कि तुझ से "म्यार" को
बेइंतेहा प्यार है
तू यूपीएससी वाली
एक शायर का प्यार है!!

84. तू अपना ख्याल रखियाँ कर

पहले की बात कुछ और है
अब तू यूं बेहिसाब
बवाल ना रखियाँ कर
तो अपना ख्याल
रखियाँ कर
मैं देखूं तुझे
ना सवाल रखियाँ कर
मुझे मालूम नहीं
तू अनमोल ख्याल
तो अपना ख्याल
रखियाँ कर
छोटी-छोटी बातों में
मैं अपने जज्बात रखता हूं
तो उन पर ध्यान रखियाँ कर
तू अपना ख्याल
रखियाँ कर

ना डूबा कर
किसी काम में
कुछ आराम रखियाँ कर
तू अपना ख्याल
रखियाँ कर

पल-पल नजर है
तुझे सामायिकी की
तू खुद पर भी ध्यान रखियाँ कर
तू अपना ख्याल
रखियाँ कर

हो जाए तुझे कुछ तो
हो जाती है फिक्र मुझे
तू बेफ़िक्र का ना अंदाज रखियाँ कर
तू अपना ख्याल
रखियाँ कर
ना करा कर नादानियां
थोड़ा ध्यान रखियाँ कर
एक तू ही तू तो है
तू अपना ख्याल
रखियाँ कर!!

85. उसके आ जाने से

ख्वाब - सी लगती है
जिंदगी
उस के आ जाने से,

बदल गया हूं मैं
उसके आ जाने से,

जो सोचा था
वो अब करने लगा हूं
उस के आ जाने से,

दिन वही है
रात वही है
सूरज निकलता भी वहीं से
हर जहां दिखता भी वैसा है
सब अलग मुझे लगता है अब
उसके आ जाने से,

मैं रहता था जैसे
ना वैसे रह पाता हूं
सीमित हो गया हूं
ना मैं अब कुछ
ज्यादा सोचता हूं
मन शांत

और दिल प्यार से भरा रहता है
उसके आ जाने से,

उलझी- उलझी सी थी
मेरी जिंदगी
अब सुलझी-सुलझी सी लगती है उसके आ जाने से,
हर दिन मेरा,
उसकी खुशबुओं, से भर जाता है
मैं देखता हूं उसे
और सब कुछ बदल जाता है

मेरा सर दर्द
काम का भार
सब कुछ उतर जाता है
उसके आ जाने से,

. जिंदगी अब एक
प्रेम कहानी लगती है
उसके आ जाने से

86. तुम और शब्द

मेरे पास , अब शब्द नहीं
कि तुझे शब्दों में बया करूं
तू कितनी खूबसूरत है
ये मैं शब्दों से कैसे कहूं?
मैं देखूं तुझे
या बोलूं दिल खोल के
अब शब्द ही नहीं बचे,
क्या बोलू मुहं खोल के?
मगर सुनो,
तुम मेरे लिए अल्फाजों से बढ़ कर हो
तुम मेरे दिल में हो,
जज्बातों से बढ़ कर हो
तुम इतनी विशाल हो,
कि शब्दो में नहीं आ पाती हो....
फिर तुम्हारे लिए,
मैं कोई शब्द ही कैसे लिखूं?
प्रिय, मेरे पास,
अब शब्द ही नही
कि तुझे शब्दो में बया करूँ!!

87. तेरा साथ ... मेरे साथ

तू दूर हों कर भी
मेरे पास है, यादों में सही
तू मेरे साथ है...
दूरियां भी तो जरूरी है
इन दूरियों से पता लगाता है
कि कितना करीब का साथ है...
कभी लगा नही
कि तुझ से दूर हुआ हूं
मेरी सांसों के जैसा तेरा साथ है..!!

88. तुम ही हो तुम हो

तुमसे चांदनी
तुम्हीं से
बहार है

तुम मेरी "साक्षी"
तुम्हीं से
मेरा संसार है,

प्यारी - सी तुम
नटखट
तुम्हारा अंदाज है,
चुलबुली हो तुम
चांद - सा
चेहरा तुम्हारे पास है,
हर लफ्ज़ तुम्हारे
मोती के समान है
सुंदर-सा मुख
और उसमें
दिलकश
मुस्कान है,

हर बार, तुम दिखती हो
उस बात नहीं लगती हो
जैसे कोई हसीं मौसम

की बहार हो
तुम खुदा का
एक चमत्कार हो,

चंचल मन
हीरों - सी आंखें
चेहरे पर, चांदनी - सी लालिमा
मनभावन - सा अंदाज है
तुम्हारा अपना राज है,

भोली- सी सूरत
मासूमियत से भरी
बच्चों - सा दिल
तुम्हारे पास है,

बातों में जादू
तुम हंसी, और क्या बता दूँ
जन्नत सी दिखती
तुम महक बरसाती बेताब,

तुम "म्यार" के
गीतों का राग हो
उसकी कविताओं
की आवाज हो,
"साक्षी", है वो तुम्हारा
तुम उसका
जन्मों का साथ हो!!

89. कैसे बताऊं तुझे?

तू जादू है
या तेरे चेहरे में जादू है
कैसे बताऊं तुझे
कि तुझे लेकर
मेरा मन बेकाबू है,

तू हंसती हंसी है
या दिखती हंसी है
कैसे बताऊं तुझे
कि तू मुझे
लगती हसीं है,
तू जवां है
या यौवन भरा है
कैसे बताऊं तुझे
कि तेरा नशा चढ़ा है,
तू लगती कमाल है
या दिखती बवाल है
कैसे बताऊं तुझे
कि तू बेमिसाल है,
तू चांद है
या चांदनी, तुझसे जवा है
कैसे बताऊं तुझे
कि तुझ-सा हसीं ना ये जहां है,

तू लगती अप्सरा
या दिखती चाल है
कैसे बताऊं तुझे
कि तू एक जाल है,

तेरी बातों में कुछ बात है
या मैं सुनने, को बेताब हूँ
कैसे बताऊँ तुम्हें
तुम्हारे लफ़्ज़ों पर
भी मेहताब है,

फूलों - सी नाजुक
या खुशबू-सी, खुशबूदार है
कैसे बताऊँ तुम्हें
कि तू मेरा संसार है!!

90. तुम्हारी फ़िक्र

माना कि तुम्हारें लिए
ये सब आम है..
आदत है तुम्हारी
तुम्हारी लिए कोई नहीं बात नहीं...
मगर तुम्हें बता दूँ
तुम मेरी खास हो,
तुम्हारी हर चीज,
मेरी लिए असमान्य है
आदत चाहे जो रही हो तुम्हारी
तुम अब मेरी आदत बन गई हो,
तुम्हारे लिए कोई नई बात नहीं
लेकिन तुम्हारी हर बात, मेरी लिए खास बात बन गई हो
तुम रहती हो इतनी बेफिक्र, सनम
शायद जायज भी हैं
तुम्हें क्या खबर
कि तुम्हारी खबर न मिले
तो कोई बेचैन हो जाता है
तुम्हारी फिक्र में!
बात न हो तुमसे
तो, फिर हर बात व्यर्थ लगती है
आवाज सुनने को
तुम्हारी,
ये जान तरस्ती है

न बदलो अपनी आदत
बस मुझ पर थोड़ा से उपकार करों
दे दिया करो, अपना समाचार
बस इतना-सा आभार करों
ये जो चिंता, फिक्र और
प्रेम का व्यवहार हैं
ये नहीं मेरा हर किसी के साथ है
तुम थोड़ा-सा उद्धार करो
मत बदलो खुद को तुम
बस मेरे प्रेम
का भी सम्मान करों...
मत रहो तुम, बेफिक्र
तुम्हारी कोई फिक्र करता है
उस प्रेम का भी तुम एहसास करो
कुछ भी करो, बस तुम थोड़ा अपना खयाल करों

91. मैं तैयार हूँ

ना जाने, कितनी बार लिखा है मैंने

और लिख कर मिटाया है

कि तुमसे प्यार है मुझे

खुद से भी छुपाया है,

कुछ बातें, ख्याल ही

बन कर रहे, तो अच्छा है

तुम्हारे साथ खड़े होने का, रुकने का शिखर अभी हमने नहीं पाया
है,

फिर भी, ग़र मेरे साथ

चल सको तो,

मैं तैयार हूं!

तुम मेरा इंजन बन सको

तो मैं तैयार हूं!

तुम्हारे साथ में, बेलगाम मेरी रफ्तार है

अभी तुम मेरा ख्वाब हो

मेरा जुनून बन सको

तो मैं तैयार हूं!

जानता हूं कि

तुम सब जानती हो

फिर भी, तुम्हारा जो

फैसला हो

मैं तैयार हूं!

मैं इंतजार में तुम्हारे
बेकरार हूं
करना पड़े ग़र और इंतजार
उसके लिए भी
मैं तैयार हूं!

कोई ख्वाहिश है
तुम्हारी तो मुझे
खुले शब्दों में बता दो
करने को पूरी उन्हें
मैं तैयार हूं!

जानता हूं
तुम्हें भी
अपने वजूद की
तलाश है
समय कम
और मंजिल भी
नहीं पास है
तुम दो ना सकोगी
मुझे समय
प्रिय, तुम्हें
बता दूं
यही हालात
मेरे साथ है
मेरे लिए तुम्हारा
एक पल का
साथ ही

कमाल है
तुम रहो
समय की
बंदिशों से दूर
उसके लिए भी
मैं तैयार हूं!
कुछ और सवालात हो
या ख्यालात हो
तुम रख दो
मेरे समक्ष
प्रिय,
मुझे तुम स्वीकार हो
और वो तुमसे जुड़े हैं
उनके लिए भी
मैं तैयार हूं!!

92. डर लगता है मुझे

डर लगता है मुझे
तुम मुसाफिर की तरह आई
और अजनबी की तरह चली जाओगी
जगा कर दिल में क्या प्यार
थमा कर हाथों में याद
एक पल में ही सब भूल जाओगी
मैं सोचता हूं
मेरा क्या होगा?
जब तुम मुझे भूल जाओगी

शायद , ना कभी याद करोगी
न फोन, न कोई बात
लेकिन मेरी यादों में तो तुम रह जाओगी

नहीं सोचा था मैंने, कि मैं
तुम्हारे करीब आऊंगा
अपने दिल में तुम्हारी तस्वीर लगाऊंगा
और उसकी देवी तुम्हें बनाऊंगा
लेकिन, अब लगता है मुझे
तुम कहां यहां रुक पाओगी
कहीं तुम चली जाओगी!!

93. क्यों

जेहन में एक
सवाल आता है
कि सिर्फ तुम्हारा
ही क्यों ख्याल आता है?
फिर बस,
तुम पर ही
क्यों प्यार आता है?

क्यों आती है
अच्छी नींद,
जब तुमसे
बात हो जाती है?
क्यों लगता है
मेरी सुबह बन गई
जब तुम से
सुबह मुलाकात हो
जाती है?
क्यों, आखिर क्यों
करता है मन
सिर्फ तुम्हें देखने का?
क्यों लगता है
तुम खास हो?

आखिर में क्यों

डर जाता हूं
जब तुम्हें कुछ होता है?

क्यों मेरी नींद
उड़ जाती है
जब तुम
परेशान होती हो?
क्यों मैं सिर्फ
तुम तक हूं?

आखिर क्यों,
तुम्हारा साथ
अच्छा लगता है?

क्यों मैं तुम्हें देख
सब कुछ भूल
जाता हूं?

आखिर क्यों
मुझे किसी से
मतलब नहीं
तुम्हारे सिवा?

क्यों मैं तुम्हारे
साथ के
हर एक पल को
कैद करना चाहता हूं?

आखिर क्यों

मैं तुम्हें अपना
सब कुछ बना
बैठा हूं
मेरे दिल से
दिमाग तक
के रास्ते पर
तुम्हारा नाम
सजा बैठा हूँ?

क्यों तुम मेरे
ख्यालों में
आ जाती हो?

आखिर क्यों मुझे
तुमसे बात ना करे
नींद नहीं आती?

क्यों मैं
तुम्हारे सामने
शून्य हो जाता हूं?

क्यों मेरी धड़कने
तेज हो जाती हैं
जब तुम्हारा हाथ मैं थामता हूं?

क्यों तुम इतनी खास लगती हो?
क्यों तुम्हारा होना, मुझे पूरा करता है?
क्यों मेरे ख्यालों को तुम्हारा ख्याल आता है?
क्यों मैं तुम्हारे कदमों की कालीन बनना चाहता हूं?

क्यों मैं हर सुबह, हर शाम तुम्हारे नाम करना चाहता हूं?
आखिर क्यों मैं सिर्फ तुम पर लिखना चाहता हूं?
क्यों मेरी कलम तुम से आगे नहीं जा रही?
अखिर क्यों मेरी जुबान के साथ-साथ मेरी कलम में भी तुम्हारा
नाम आता है?
आखिर क्यों मैं "साक्षी"
तुम्हारा "म्यार"
बनना चाहता हूँ?

94. चाहत

जो तुम्हे अच्छा लगता है
तुम उसके साथ रहना चाहते हो

जो तुम्हें सुनें
तुम उसको सुनना चाहते हो

जो तुम्हें देखे
तुम उसको दिखना चाहते हो
जो नाम तुम्हें
अच्छा लगे
तुम वो नाम जुबां पर रखना चाहते हो
जो तुम्हें समझे
तुम उसको सब बताना चाहते हों
जो तुम्हे हसाये
तुम उसके लिए हंसना चाहते हो
जो तुम्हे अपना लगे
तुम उसके साथ रहना चाहते हो

95. तुम आओगी

है इंतजार जिस का

वो आज भी नही आई

बीत गई, यूं ही शाम

और वो चेहरा भी नही दिखाई

नजरे बिठाए बैठे थे हम

उन के दीदार को , चौखट पर

वो दिल की दहलीज पर

बिन खटखटाए आए

वो मेहमान नही मेरे दिल की

वो उस मंदिर की प्रेम देवी है

हर शाम यूं ही हम बैठे रहे

वो उस मंदिर से , कभी प्रेमिका बन के ही नहीं आए

96. उसका स्थान

अपने नाम से ऊपर,
मैं उस का नाम रखता हूं

जुबा से नही
मैं दिल से उस से प्यार रखता हूं,
मैं औरो से अलग
उस का ,अपने जीवन में स्थान रखता हूँ
सुबह से लेकर शाम तक , किसी और का नहीं
मैं सिर्फ जुबा पर उसका नाम रखता हुं
मैं देखूं, किसी और को ये मेरी निगाहों को
भी मंजूर नहीं

मैं अपनी आंखो पर, बस उसका-दीदार रखता हूं,
मैं रहूं, चाहें जहाँ
उसका हमेशा, खुद के समीप एहसास रखता हूँ
वो है, चांद की सूरत
उसके सामने मैं बच्चों-सा अंदाज रखता हूँ
वो धड़कनों में, धड़कती है मेरी
मैं जान से बढ़ कर उसका ख्याल रखता हूँ

97. समझदार

क्या करूं यार,
वो कुछ समझ नहीं पाती
या बोलू समझना नहीं चाहती है
मेरी गहरी बातों को,
बस हंसकर हटा जाती है
कहने को बहुत ही समझदार है वो
शायद समझदारी ही, वो उस पल दिखा जाती है
प्रौढ़ है वो, और विवेक से परिपूर्ण हैं
शायद खुद को थोड़ा-थोड़ा बेवकूफ बनाती है

समझ कर भी ना समझना, ये हुनर उसको आता है
ये हुनर हम क्या सीखें? हमें खुद को बदलना नहीं आता है

ये आशिकों के खेल, बे-मिलन से मेल
बहुत आगे निकल गई है वो
उसे रोकना नहीं आता है
कहने को बहुत लाज़वाब है वो
ये अंदाज उसे आज भी आता है!

खुद के लिए, औरो में भी जीती है
इस कदर उसके चेहरे पर प्यार आता है वो जैसे भी है, बहुत प्यारी
है
मुझे उसकी हर, अदा पर प्यार आता है
वो जहां रहे, जैसी भी रहे

बस खुश रहे
उसकी खुशी में ही
मेरी जिंदगी में बहार आती है
वह समझदार-सी लड़की
और मुझे उस पर ही प्यार आता है!!

98. लिखना

लिखना तो है
कुछ आज भी
तुझ पर
पर समझ नहीं आ रहा
क्या लिखूँ?
कैसे लिखूं?
कैसे बताऊं तुझे
तू मेरा सब कुछ है
मेरी जीवनशैली में भी
बहुत कुछ है
मेरे दिल से लेकर
मेरी जान तक में
तू ही तू है
और तो और
मेरे फोन में भी तू ही तू है
मेरे वॉलपेपर से
लेकर मेरे सारे पासवर्ड तू है
मेरी स्मृति में
बस तू है
बताना तो है कुछ
लिखकर
मुझे पता नहीं
लिखना भी है कुछ
मगर पता नहीं क्या???

99. इश्क और रातें

हर बार लगा
अब सो जाऊँ
उस बार,
ख्याल तुम्हारा आया था
नींद भी कैसे आती
नैनों में चेहरा तुम्हारा था
फिर कलम उठी
ज़ज्बात लिखे...
कोई ख्याल
कहाँ फिर आया था,?
सोता भी तो कैसे?
तुम्हें सम्मुख जब पाया था....
रात-रात की नींद उठी
दिन का चैन, गवाया है
लिख दिया जो देखा, प्रिय
जब से इश्क लगाया है

100. साक्षी

जो भी दर्द हो
तुम उससे उभर जाओ,

फिर पीड़ा चाहे जो हो
तुम उस से निकल जाओ,

एक बार फिर
तुम खुद में रंग जाओ,

तुम ठीक हो
स्वयं तुम इसकी "साक्षी" बन जाओ!!

www.ingramcontent.com/pod-product-compliance
Lightning Source LLC
Chambersburg PA
CBHW031308160726
47993CB00001B/338